新时代"大思政课"系列丛书 （第二辑）

丛书主编 邢云文

U0661335

魏华 等

——编

读懂中国

十位专家论
"形势与政策"

上海交通大学出版社
SHANGHAI JIAO TONG UNIVERSITY PRESS

内容提要

本书以十位专家为上海交通大学"形势与政策"教师开设的讲座为内容基础，梳理其中体现的理论逻辑与教学逻辑。这十位专家涉及马克思主义哲学、国际关系、新闻传播、经济理论、科技历史等研究领域，且为其领域的知名学者，其论述具有一定的权威性和代表性。书稿在编排上以专家视野为经、以思政教育为纬，立体化展现将热点问题与思政教育相结合的实践与经验。

图书在版编目(CIP)数据

读懂中国：十位专家论"形势与政策" / 魏华等编.
上海：上海交通大学出版社，2025.5. -- ISBN 978-7
-313-32371-2

Ⅰ．G641.41

中国国家版本馆 CIP 数据核字第 2025HZ5374 号

读懂中国
——十位专家论"形势与政策"
DUDONG ZHONGGUO
——SHIWEI ZHUANJIA LUN "XINGSHI YU ZHENGCE"

编　者：魏　华等				
出版发行：上海交通大学出版社		地　址：上海市番禺路 951 号		
邮政编码：200030		电　话：021 - 64071208		
印　制：常熟市文化印刷有限公司		经　销：全国新华书店		
开　本：880 mm×1230 mm　1/32		印　张：6.625		
字　数：142 千字				
版　次：2025 年 5 月第 1 版		印　次：2025 年 5 月第 1 次印刷		
书　号：ISBN 978 - 7 - 313 - 32371 - 2				
定　价：48.00 元				

本书编写组

主　编

魏　华

副主编

丁思薇　布尔兰·艾依坦

努尔比娅　曾琳慧　曾瑜涵

丛书序言

2021年全国"两会"期间,习近平总书记在看望参加全国政协会议的医药卫生界教育界委员时,对时任上海交通大学校长林忠钦院士关于"大思政课"的建议作出回应时指出:"'大思政课'我们要善用之,一定要跟现实结合起来。"

善用"大思政课",必须准确把握其"大"的特点,不断丰富"大思政课"的内容、途径、载体,有效凝聚学校、区域、社会协同育人的强大合力。上海交通大学深入贯彻习近平总书记重要指示精神,强化问题导向和系统思维,持续构建大中小学一体化、校内外一体化、知信行一体化的"大思政课"工作格局,推动上海"大思政课"建设整体试验区(上海交通大学-闵行区)建设走深走实。一方面,充分发掘党的创新理论与新时代伟大社会实践中蕴含的丰富育人资源,把学校小课堂与社会大课堂贯通起来。以学校的理论优势、知识优势、人才优势辐射试验区,将试验区联合单位在新时代改革创新中的鲜活实践提升到理论层面,转化为生动的育人资源,打造大学牵引、区域联动、大中小学贯通的"大思政课"建设大系统。另一方面,明确"大思政课"建设是一个协同育人的整体性工程,注重顶层设计和整体规划。破除传统思政课教学、教材、教师的思维定式,对教育理念、内容、方法、载体等进行系统性改革和全方位重塑,减少各部门各自为战的情况,逐步形成"大课堂""大平台""大师资"建设的内生动力和实践机制。

本套丛书是上海"大思政课"建设整体试验区(上海交通大学-闵行区)的工作成果,由多位长期从事思政教育的资深专家、身处教学一线的青年教师等共同编纂撰写,内容涵盖了系统性的教研思考和针对性的对策建议,准确把握思政课程与课程思政建设的内涵要求,创新探索场馆育人、空间育人、实践育人等外延领域,体现了学校课堂与社会"大课堂"的有效衔接、理论课本与鲜活"大教材"的有机统一、教学循环与育人"大循环"的有力协同。希望丛书的出版,能够为进一步深化新时代"大思政课"建设理论和实践研究提供借鉴,为着力培养担当民族复兴大任的时代新人贡献交大经验和交大智慧。

2024 年 2 月 29 日

引 言

　　在新时代的宏伟征程中,高校思想政治理论课肩负着塑造青年学子的世界观、人生观、价值观的历史重任。"形势与政策"课是帮助大学生正确认识新时代国内外形势,深刻领会党的十八大以来党和国家事业取得的历史性成就、发生的历史性变革、面临的历史性机遇和挑战的核心课程。上海交通大学马克思主义学院形势与政策教研室以第一时间推动党的理论创新成果进教材、进课堂、进学生头脑,引导大学生准确理解党的基本理论、基本路线、基本方略作为核心任务;经过不断实践、探索,逐步形成了"理论启迪智慧、承载复兴使命"的"1234"特色课程,即立足一堂精彩思政课、建设两支具有组织战斗力队伍、打造三维立体的教学模式、构建四个模块的教学内容。上海交通大学"形势与政策"课通过坚持问题导向,注重在解析重大理论现实问题中加强思想引导,及时为青年学生答疑解惑,并以其时效性、精准性和综合性,成为大学生读懂中国变化的"瞭望塔"。

　　本书是对近年来上海交通大学马克思主义学院形势与政策教研室集体备课会的集中展示。本书汇聚十位名师的智慧成果,按照宣讲时间编排,从探讨文化传承到对融媒体时代创新的深刻思考,每一位专家以平实质朴的语言,深入剖析复杂的国内外形势,清晰地呈现了国家政策脉络。他们的视野和洞察力让思政课堂更加多元和丰富。在这些篇章中,我们不仅能感受到朱承教授对文化传承的深刻见解、杨洁勉教授对国际关系的精辟分析、黄庆桥教授对科技发展趋势的敏锐洞察、彭勃教授对国家安全的全面阐释、韩庆祥教授对新时代变革与中国式现代化的宏观把握、陆铭教授对经济政策的深入解读、程竹汝教授对民主政治的生动讲解、邓纯东教授对两个大局意识的精准指导、吴红教授对创新实践的独到见解以及周智强教授对融媒体时代的创新思考,更能感受到他们对社会发展、对未来青年成长的深刻思考和美好期许。除了专家的思考,本书也收录了多位思政课青年教师的提问与专家相应的回答。

我们相信,通过阅读这些讲稿,不仅能够让读者获得对形势与政策的清晰认识,更能够深刻感受到思政课老师们严谨治学的态度和对学生成长的深切关怀。这些讲稿不仅是知识的传递,也是智慧的碰撞,更是心灵的对话。我们期望这本书能够激发大学生的思考,引导他们以开放的心态迎接变化,以坚定的信念追求理想,以积极的姿态参与实践。

放眼国际,世界百年未有之大变局进入加速演变期,国际环境日趋错综复杂。从国内形势来看,我国发展仍然处于重要战略机遇期,但面临的机遇和挑战都有新的发展变化。在此时代背景下,本书的出版有着特别的意义。我们期望这本书能为教师们提供一定的教学资源和备课参考,也为思政课程的创新与发展提供新的思路和方向,并在当前思政课教学改革的大背景下为提升思政课的教学质量和效果、增强思政课的吸引力和感染力发挥积极作用。

目　录

朱　承

担负新的文化使命，
推动中华文明传承与创新

【专家简介】

朱承，华东师范大学哲学系系主任、教授，教育部人文社会科学重点研究基地华东师范大学中国现代思想文化研究所研究员；兼任中国哲学史学会副秘书长、上海市儒学研究会副会长等；主要从事中国哲学、政治哲学的教学与研究，出版有《礼乐文明与生活政治》《信念与教化——阳明后学的政治哲学》《儒家的如何是好》《治心与治世——王阳明哲学的政治向度》等著作，另发表论文百余篇，主持教育部哲学社会科学重大课题攻关项目、国家社科基金项目等多个课题，曾获教育部人文社科优秀成果二等奖、青年奖以及上海市哲学社会科学优秀成果二等奖等。

【内容提要】

习近平总书记在文化传承发展座谈会上的重要讲话为担负新的文化使命指明了前进方向。朱承指出，要在坚持"第二个结合"中推动中华文明传承与创新，理解马克思主义基本原理同中华优秀传统文化相结合的深远意义,把握"第二个结合"在中国特色社会主义的论域和对人类文明新形态的指向,坚持面向世界推动构建人类命运共同体。要把握五个突出特性,努力推动中华文明传承与创新,不断深化中华文明的历史根基研究,推进中华优秀传统文化的创造性转化和创新性发展,自觉维护国家统一的核心利益,着力扩大中外文明的交流互鉴,积极推动构建人类命运共同体。

【专题解读】

我主要围绕三个方面,结合习近平总书记在文化传承发展座谈会上的讲话,谈一谈我对于中华文明传承与创新的理解。

在坚持"第二个结合"中推动中华文明传承与创新

文化关乎国本国运,在新的历史起点上大力推动文化繁荣、建设文化强国,推动中华文明传承与创新,是新时代新的文化使命。在中央召开的文化传承发展座谈会上,习近平总书记指出:"在五千多年中华文明深厚基础上开辟和发展中国特色社会主义,把马克思主义基本原理同中国具体实际、同中华优秀传统文化相结合是必由之路。这是我们在探索中国社会主义道路中得出的规律性的认识。"[①]习近平总书记关于"马克思主义基本原理同中华优秀传统文化相结合"的一系列重要论断,是中国特色社会主义进入新时代又一次的思想解放。改革开放提出实践是检验真理的唯一标准,那一次思想解放回应的是真理

---

① 《担负起新的文化使命　努力建设中华民族现代文明》,《光明日报》,2023 年 6月 3 日第 1 版。

标准、理论思想与具体实际相结合的问题；而关于"第二个结合"的这一次思想解放解决了马克思与中国文化的关系问题。习近平总书记的重要论断既为当代中国马克思主义的时代发展也为中华优秀传统文化的传承创新指明了方向。马克思主义基本原理同中华优秀传统文化相结合，于马克思主义而言，能够促进马克思主义成为"中国的"，即"马合中而有根"；于中华优秀传统文化而言，能够促进中华优秀传统文化成为"现代的"，即"中合马而有魂"，从而更好推动中华文明传承与创新、开创人类文明新形态。

基于此，有必要从人类文明的高度、马克思主义与中华优秀传统文化融合发展的创新度、中国式现代化事业的广度、构建人类命运共同体的长远度来深入领会"马克思主义基本原理同中华优秀传统文化相结合"的历史性和全局性意义。

第一，马克思主义基本原理同中华优秀传统文化相结合，具有影响人类文明史的深远意义。人类文明的演进，既可以从生产组织方式的角度去认识，如农业文明、工业文明、信息文明等，也可以从文化发展样态的角度去认识，如儒家文明、基督教文明、伊斯兰文明等。从文化角度看，人类文明总是在多元文化激荡融合中得到新的发展，并创造出新的形态。在既往的时代，财富、权力、宗教等因素曾促成世界范围内不同古代文明之间的激荡性更新，现代科技又极大地推动了全球范围内的文化交融。纵观整个人类文明史，多样文化的融合创新是推动文明发展的动力之一。马克思主义基本原理是近代以来随着社会生产变革而不断发展的科学理论，而中华优秀传统文化是历久弥新之中华文明的历史精华，二者高度契合进而深度结合，意味着古老文明传统被现代科学理论激活,科学理论在源远流长的中华文明体中变成了生动实践。作为人类文明新形态,中国式现代化道路、中国特色社会主义事业正是马克思主义基本原理同中华优秀传统文化相结合的产物,既是中华文明的赓续与传承,又是以马克思主义为代表的世界性现代文明的融合与创造。经由马克思主义基本原理同中华优秀传统文化相结合而创生的中华文明的时代形态,意味着古老文明与现代文明在中国大地上的接榫和创新,是当代中国人对近代以来世界范围内的"古今中西之争"的系统性回应,不仅展现了中国特色社会主义道路发展的历史必然性,对于由多样文化所构成之世界文明的综合创新也是一次重大推进,从而具有整个人类文明史层面上的重大历史意义。

第二,马克思主义基本原理同中华优秀传统文化相结合,意味着两大传统的自我更新和融合发展。作为科学理论的马克思主义基本原理自创生之日起,就以"推翻旧世界、创造新世界"作为自己的历史使命。秉持这一历史使命,马克思主义形成了与时俱进的理论品质,形成了自我革新的精神传统。历史地来看,以《共产党宣言》发表为开端,马克思主义170多年的发展史是一个不断总结社会实践发展新经验,持续吸收人类文明有益成果,在理论上不断借鉴新资源、扩展新视野、作出新概括的演进过程。而中华优秀传统文化向来秉持"苟日新,日日新,又日新"的革新传统,"周虽旧邦,其命维新""六经责我开生面"。在五千多年中华文明发展史上,中国文化总是在社会变革的时代潮流中、在文明交流互鉴中不断革故鼎新,实现自身的创新性赓续。中国文化的发展虽时有曲折,但从来没有故步自封、僵化孤立,而是始终保持着自强不息、自我更新的不竭意志。马克思主义基本原理同中华优秀传统文化相结合，为二者在新时代的融合进一步打开了创新空间。这个结合意味着不断追求更新和发展的两大传统的深度交融：马克思主义为中华优秀传统文化的创造性转化和创新性发展提供了现代性的指引，中华优秀传统文化为马克思主义的时代性创新发展提供了中国化的根基。现代性理论与传统性文化的契合与结合所形成的中国式现代化的文化形态，既能够适应新时代、应对新挑战、解决新问题，又能够形成新理论、开辟新道路、创造新文明，在这个过程中也必将演绎出新时代的丰富思想文化传统，进而作用于道路、理论和制度的创新和发展。

第三，马克思主义基本原理同中华优秀传统文化相结合的论域是全方位的中国特色社会主义事业，其指向是人类文明新形态。广义的文化是人类认识和改造自然、社会及人类自身的活动、过程、成果等多方面内容的总和，是在社会实践基础上人的各种创造。就此而言，传承发展中华优秀传统文化不仅仅是狭义的"精神"事业；马克思主义基本原理同中华优秀传统文化的结合，也绝不仅仅局限在狭义的"文化"领域，而是贯穿在全方位的中国特色社会主义事业之中。众所周知，中国特色社会主义事业总体布局被称为"五位一体"，包括经济建设、政治建设、文化建设、社会建设、生态文明建设五个方面，中国式现代化也是经济、政治、文化、社会、生态"五位一体"的现代化。由是而言，我们有必要从经济、政治、文化、社会和生态"五位一体"的全局视野来看待"马克思主义基本原理同中华优秀传统文化相结合"，即以马克思主义基本原理的科学理论为指导，从中华优秀传统文化中汲取理论智慧、反思历史经验、增强文化自信，探索面向未来的理论和制度创新，并以此来推动经济发展、政治稳定、治理完善、民生保障、文化繁荣和生态美好，以中国式现代化道路创造人类文明新形态。就此而言，马克思主义基本原理同中华优秀传统文化相结合不只是针对文化事业，而是一种指导全局工作的思想指南。

第四，马克思主义基本原理同中华优秀传统文化相结合，要坚持面向世界推动构建人类命运共同体。马克思主义理论的旨归是全人类的自由和解放。习近平总书记在纪念马克思诞辰200周年大会上的讲话中曾深刻指出："马克思主义博大精深，归根到底就是一句话，为人类求解放。"①中华优秀传统文化追求"为生民立命，为万世开太平"，主张"博施济众""康济群生"，构想天下为公、天下归仁、民胞物与、万物一体的理想社会，将天下大同作为最高境界。在新时代，胸怀人类命运的两个伟大传统的深度结合，将更好地推动实现构建人类命运共同体的理念。从这个意义上来看，坚持马克思主义基本原理同中华优秀传统文化相结合，不仅是中国意义上的现代民族国家事业，更体现了全人类意义上的世界性抱负。从中国文化的传统来看，国家的优良发展下一步便是天下的大同，《大学》里讲"修身齐家治国平天下"，天下的太平、世界的安宁是国家治理实现后的逻辑必然，因而面向世界文明的交流互鉴就构成了中华文明传承与创新的题中必有之义。在推动马克思主义基本原理同中华优秀传统文化相结合的过程中，有必要坚守中华文化对世界文明兼收并蓄

---

① 习近平：《在纪念马克思诞辰200周年大会上的讲话》，人民出版社，2018年，第8页。

的开放胸怀，以"东海西海，心理攸同"的共通性意识来弘扬全人类共同价值。与此同时，还要反对文化霸权主义、"文明优越论""文明冲突论"等错误思潮，坚定地做世界和平的建设者、全球发展的贡献者、国际秩序的维护者，以文明之间的交流互鉴来推动构建人类命运共同体。为此，我们要弘扬中华文明所蕴含的交往、交流、交融的优良传统，继续学习世界文明有益成果并胸怀世界、走向世界、融入世界，在文明互鉴、国际交流、世界互联中进一步创新发展马克思主义与中华优秀传统文化。

在文化传承发展座谈会的重要讲话中，习近平总书记深刻指出，中华文明具有连续性、创新性、统一性、包容性、和平性五个突出的特性。习近平总书记结合时代发展高度概括了中华文明的特质，为深入落实"第二个结合"指明了方向。当前，落实马克思主义基本原理同中华优秀传统文化相结合，进一步推动中华优秀传统文化的创造性转化和创新性发展，要求弘扬中华文明的"五个突出特性"，具有现实指向，不仅具有描述性意义，而且具有规范性意义，是担负文化使命的具体要求。具体来说：必须坚持马克思主义的立场和方法，全面透彻地研究中华优秀传统文化的历史根基，科学地解释中华文明连续性的来龙去脉，深入阐释中华民族"走自己的路"的历史必然性，通过对中华优秀传统文化的研究讲清楚为什么"走自己的路"；必须大力弘扬中华民族守正不守旧、尊古不复古的进取精神，发挥中华民族不惧新挑战、勇于接受新事物的无畏品格，与时俱进地研究和弘扬中华优秀传统文化的当代价值，顺应科技革命和社会革新的历史大势，推动中华优秀传统文化的创造性转化和创新性发展，为当代社会的进步和发展提供源源不断的思想资源和理论支撑，讲清楚为什么以及如何应对当下和未来挑战来发展中华文明，而不仅仅是复古怀旧；必须坚定"国土不可分、国家不可乱、民族不可散、文明不可断"的共同信念，从各民族文化多元一体的角度阐释中华文明的统一性，牢固树立休戚与共、荣辱与共、生死与共、命运与共的中华民族共同体意识，自觉维护国家统一的核心利益，从历史维度讲清楚为什么要遵守维护祖国统一这一政治规范；必须不断开拓中华优秀传统文化传承创新的世界视野，扩大世界范围内的文明交流互鉴，既善于借鉴和吸收更多优秀外来文化与世界文明的精华，又能够在互相砥砺的基础上向世界阐释和传播中华文明，积极主动地参与"世界性的百家争鸣"，从文明包容性角度讲清楚为什么要参与"世界性的百家争鸣"；必须在世界性的文化交流中展现中华文明对于和平的珍视，站在全人类文明的高度阐释中华文明对于建设世界和平、推动全球发展、维护国际秩序的文明史意义，通过合作交流推动构建人类命运共同体，从中华民族对全世界的庄严宣告和郑重承诺角度讲清楚中华文明的和平性。

马克思主义与中华优秀传统文化虽然来源不同，但彼此存在高度的契合性，二者结合造就了有机统一的文化生命体，形成了中国式现代化的文化形态。对于"第二个结合"的历史性和全局性意义，我们有必要从人类文明史发展的高度、从马克思主义与中华优秀传统文化融合发展的创新度、从中国式现代化全方位事业的广度、从推动构建人类命运共同体的长远度来予以深入领会，大力彰显和弘扬中华文明的"五个突出特性"，坚持守正创新，推进中国特色社会主义文化建设，更好推动中华文明的传承与创新。

把握五个突出特性，努力推动中华文明的传承与创新

中华民族古代文明源远流长、博大精深，曾长期在人类文明史上居于重要位置。如何推动中华文明的传承与创新、创造人类文明新形态？这是新时代中国人的时代之问，也是新时代新的文化使命。在文化传承发展座谈会上，习近平总书记从连续性、创新性、统一性、包容性、和平性五个方面深刻阐述中华文明的突出特性，进一步深化我们对中华民族精神标识的认识，为我们全面深入了解中华文明的历史，担负起新时代新的文化使命进一步指明了方向。这五个突出特性既是对中华民族古代文明精神特质的高度概括，更是推动中华文明传承与创新的具体使命所在。

第一，把握中华文明连续性的突出特性，不断深化中华文明的历史根基研究。连续性是中华文明与世界古代文明相区别的重要特质。汤因比曾指出，在近 6 000 年的人类历史上出现过 26 个文明形态，只有中华文明是延续至今而且从未中断过的文明。① 冯友兰在西南联大纪念碑碑文上写道："盖并世列强，虽新而不古；希腊罗马，有古而无今。惟我国家，亘古亘今，亦新亦旧，斯所谓'周虽旧邦，其命维新'者也。"② 与世界其他文明相较，语言文字、历史文献、文脉传承、价值观念上的连续性，为中华文明的连续不断提供了可能，而中华文明的连续性也决定了

---

① 汤因比：《历史研究》，刘北成、郭小凌译，上海人民出版社，2000 年，第 52—53 页。
② 冯友兰：《国立西南联合大学纪念碑碑文》，载《三松堂全集》（第十四卷），河南人民出版社，2001 年，第 154 页。

中华民族始终能够坚守自己的发展轨迹。在中华文明发展史上，即使是发生了大规模的社会变革造成的文明演进，也只是吸收新的养分来完成自身的变革而不至于断裂。近代以来的大变局，就是中华文明吸收外来文明完成了自身的古今之变，但总体上依然是在自己的轨道上革故鼎新。由此来说，只有科学地解释中华文明连续性的来龙去脉，才能阐释清楚中华民族走自己的路的历史必然性。

第二，把握中华文明创新性的突出特性，加强推进中华优秀传统文化的创造性转化和创新性发展。创新是中华文明永续发展的不竭动力。中华文明没有因僵化而中断，就是因为具有不断创新变革的气质。在历史上，中国社会的发展虽时有曲折，但从来没有因僵化沉寂而走向崩解，正是因为其内部始终保持着自强不息、求新求变的创造性意志。中华文明的传承与创新正是马克思主义同中国具体实际相结合、同中华优秀传统文化相结合而推动的历史性创新。梁启超在《少年中国说》里指出，"惟希望也故进取""惟进取也故日新"①。坚持中华文明的创新性，就是要弘扬中华民族守正不守旧、尊古不复古的进取精神，以解决现实问题、应对时代挑战、顺应未来变革作为中华优秀传统文化创造性转化和创新性发展的不竭动力，顺势而为、日新不已，努力实现创造人类文明新形态的宏伟抱负。

第三，把握中华文明统一性的突出特性，自觉维护国家统一的核心利益。九州共贯、六合同风、四海一家的"大一统"传统是中华文明的重要精神气质。关于"大一统"，董仲舒称为"天地之

---

① 梁启超：《饮冰室文集》，中华书局，2015年，第7页。

常经，古今之通谊也"①，这在一定程度上说明了中华民族在思想文化、政治格局上的追求。中华民族自古就追求疆域领土统一、推崇中央政府权威、强调社会大同团结、注重文化共识凝聚，反对国家四分五裂、地方各自为政、不同团体互相倾轧、价值观虚无混乱。中华民族追求大同团结的内在精神动力，以及历史上各民族文化上的兼收并蓄、经济上的相互依存、情感上的相互亲近，造就了今天团结融合、多元一体的良好格局。坚持中华文明统一性的突出特性，就是要坚定"国土不可分、国家不可乱、民族不可散、文明不可断"的共同信念，牢固树立中华民族共同体意识，自觉维护社会团结的安定局面与国家统一的核心利益。

第四，把握中华文明包容性的突出特性，着力扩大中外文明的交流互鉴。不同文明之间的相互包容构成了交流互鉴的前提。中华文明有着强大的包容性，具有"厚德载物""和而不同""美人之美，美美与共"的气度与格局。冯契在谈到中国的发展前景时曾说："中国要建设自己的文化，那就必须对自己传统的文化有全面系统的研究评价，也要对外国的文化有全面系统的了解研究。"②今天，传承与创新中华文明更要扩大世界范围内多样文明的交流互鉴，既要弘扬中华优秀传统文化、加快自主知识体系建设，也要善于借鉴和吸收优秀外来文化和世界文明的精华。当今世界盛行着保护主义、孤立主义和分离主义的意识形态，宣扬文明冲突的论断屡见不鲜，不同国家、族群的边界感

---

① 班固：《汉书》，颜师古注，中华书局，1962年，第2523页。
② 冯契：《人的自由与真善美》，华东师范大学出版社，2011年，第273页。

更加鲜明,全球秩序的稳定与安全都面临极大的不确定性。在这样的形势下,我们更有必要从互融、互通、互鉴的视角来看待不同文明之间的关系,以交流超越隔阂、以互鉴克服冲突、以共存推动进步,通过不同文明的交流互鉴来推动整个人类文明的进步。

第五,把握中华文明和平性的突出特性,积极推动构建人类命运共同体。和平是中华文明对全世界的庄严宣告和郑重承诺。中华文明向往"天下大同"的持久和平境界,亲仁善邻、协和万邦是中华文明一贯的处世之道。中华民族重信义、讲情义,注重国与国之间的和睦相处、守望相助。以和为贵是中华民族长久以来的精神标识,对于推动国家之间和平共处、相互尊重、平等协商、对话交流具有积极而重要的思想资源意义。只有世界范围内持久和平,全球繁荣才能生生不息,人类也才可能有更加安全的未来。我们有必要大力弘扬中华文明热爱和平、追求大同的道义精神,大力发挥中华文明对于建设世界和平、推动全球发展、维护国际秩序的积极作用,为构建人类命运共同体贡献中国智慧。

在自主、创新、开放中推动中华文明的传承与创新

如何更好地推动中华文明的传承与创新?对于当代中国哲学社会科学事业而言,建构中国自主的哲学社会科学知识体系是题中必有之义。建构中国自主的哲学社会科学知识体系意味着中国哲学社会科学要坚持走自己的道路、走文化创新的道路、走对未来世界有着引领性意义的道路,同时还意味着能够吸收世界先进文明,参与"世界性的百家争鸣"并为世界所接纳和认

可。只有这样，推动中华文明的传承与创新才能有实质性意义的知识、学术和思想文化支撑，也才能对现代人类文明有更多的实质性贡献。

第一，中国自主知识体系的建构是中华文明连续性发展的必然要求。一种文明或文化体系，没有了自主性，也就没有了自身的连续性。对于持续发展着的文明形态而言，自主性是自我连续性的必要前提，因缺乏自主性而形成的知识复制、思想依赖和文化附庸，会使原有文明失去自我的主体性价值并发生变异而演变为异己的他者。连续性是中华文明与世界其他古老文明的一个重大差异，坚守中华文明的连续性，在一定意义上就是坚持中华民族的文化主体性。对于一个民族而言，文化主体性意味着人们对本民族文化的自觉认同以及对其能够继续发扬光大的坚定信念。从中华优秀传统文化的角度来说，文明连续性与文化主体性总是与语言文字、历史文献、文脉传承、价值观念的自主性密切相关。在中华民族的历史上，独立而一贯的语言文字系统、历史文献系统、文脉传承系统和价值观念系统为中华文明的连续性提供了保证。

在语言文字上，以汉语言文字为主体的中国语言文字承载了几千年的中华文化，记录和传承了中国人生产生活的经验，推动了中华文化的传播与教化，丰富了人们的文学艺术生活和日常审美活动，成为中华文明得以连续不绝的基础性保障。在历史文献上，中国有着3 000多年的成文史书记录，官修史书和民间史著层出不穷，保证了中国历史记述不间断，这在人类文明史上都是罕见的；拥有包括甲骨文、金文、帛书、简牍、出土文书、传世的古写本和古印本等形式在内的历代文献体系，经、史、子、集,一应俱全、浩如烟海。在文脉传承上,政府和民间的藏书体系、庠序以及书院的教育体系、儒佛道思想文化传承体系、从文献保存、人才培养、学脉赓续等多个层面为文明的连续提供了机制保障。在价值观念上,中国文化重视"古今公共之理",强调人伦基本价值超越时空的普遍性意义。语言文字、历史文献、文化传承、价值观念的连续性,对中华文明的连绵不绝作出了重要贡献,也决定了中华民族长期以来在知识生产、文化发展上的独立自主性,形成了自主而不间断的发展轨迹。概而言之,中华民族文明的连续性建基于知识生产、文献体系、思想文化以及价值观念传承的自主性,就此而言,只有科学地解释中华文明连续性的来龙去脉,从自主、自立、自觉的维度去理解和充实中华文明的文化主体性,才能更好地赓续中华文明,也才能阐释清楚中华民族走自己的路的历史必然性。更好推动中华文明的传承与创新,也只有继续坚持文化主体性,延续和发展中华文脉,构建中国自主的哲学社会科学知识体系,中华文明才能拥有连续不断的未来。

第二,中国自主知识体系的建构是中华文明创新性提升的必由之路。自主知识体系的创建意味着改变因循他人、模仿他人、依赖他人的知识生产和文化创新的模式,而代之以基于主体性突破基础上的自我创新并求得更大的知识生产和文化创造之跃进。近代以来,西方世界在工业革命以后所形成的知识体系、文化观念曾一度对中国传统知识体系形成了全面的冲击:一方面,这种冲击推动了中华文明吸收外来文明,进而带来全面更新;另一方面,这种冲击也造成了一定程度上中国对于西方知识体系的依赖,甚至导致了在核心因素上受制于人的不利局面。

中华文明的发展离不开与世界文明的交融，但其发展更要依靠自身的自主创新。缺乏自主创新的社会发展，不过是"沿门持钵"的依赖式生存。文化创新是中华文明永续发展的不竭动力，中华文明之所以没有因僵化而中断，就是因为其自身具有不断创新变革的气质。在中国主流的文化传统中，自强不息的求新求变是一条精神血脉，中华文化的发展虽时有曲折，但始终保持着自我更新的创造性意志。在哲学社会科学领域里，构建中国自主的知识体系天然地涵盖了文化创新，这一点毋庸置疑，但哲学社会科学领域特别要应对的问题在于：知识生产和文化创新的动力和面向何在？是以文献驱动还是以问题驱动？是面向过去还是面向未来？这些问题有必要予以澄清。如前所述，中华文献浩如烟海，文献中牛毛茧丝的问题不可胜数，历代学人皓首穷经，做出了很多学术贡献。但这种文献驱动式的研究如果成为主流甚至是主导范式，那么可能会导致"率天下人尽入故纸堆中"的尴尬，而对现实问题丧失解释和应对能力，对未来失去判断和应对能力，甚至可能使得人们对中华文化的时代性价值产生怀疑。关于如何对待历史性的文献，意大利历史学家克罗齐曾发问道："若我们未从过去中走出，若未将自己置于过去之上，我们如何走向新生活，如何创造我们的新行动？"[1]克罗齐主张，面对历史文献，应该结合时代的变革用批判精神对待之，用解决时代问题的精神去理解和运用历史的文献："既未切断同过去的联系又在它之上，从而在理念上提高它并将它转化为认识。"[2]

---

① 克罗齐：《作为思想和行动的历史》，田时纲译，中国社会科学出版社，2005 年，第 25 页。
② 同上书，第 25—26 页。

基于过去而又面对现实所形成的新认识,是我们新行动、新生活的前提。基于这样的认识,哲学社会科学意义上的知识和文化创新首要的不只是在文献中寻找新意,不是复古、守旧,不是寻章摘句式的猎奇,而是要利用文献资源提升解释现实、应对未来的能力。换言之,知识和文化创新是由现实的问题和未来的导向予以驱动,而不是历史性的文献驱动、传统驱动,面向现实、面向未来才是知识和文化创新、自主知识体系构建的第一面向。在此基础上,文化创新、自主知识体系构建还要有着宏大的关怀。"作易者,其有忧患乎?"(《易传·系辞下》)对于社会、国家和人类前途命运的忧患意识,构成了知识和文化创新的内在动力,这就是中国古人所说读书人要以"天下为怀""苍生为念"。康德曾说:"人间事务全体的总进程,这个进程并不是由善开始走向恶,而是由坏逐步地发展到好;对于这一进步,每一个人都受到大自然本身的召唤尽自己最大的努力做出自己的贡献。"①对于人类事务的关怀和忧患,就是一种宏大的关怀。就哲学社会科学意义上的自主知识体系建构来说,要坚持问题驱动、面向未来、心怀天下,只有这样的创新才具有现实性、引领性和普遍性。坚持中华文明的创新性,就是要弘扬中华民族守正不守旧、尊古不复古的进取精神,结合时代的变革推动文明的更新,顺应科技革命和社会革新的历史大势,以人类生活未来发展走向为引领,面向未来、面向世界推动中华文化的革故鼎新、创新发展,实现创造人类文明新形态的宏伟抱负。

第三,中国自主知识体系的建构是中华文明开放性增强的

---

① 康德:《历史理性批判文集》,何兆武译,商务印书馆,1997年,第78页。

必经之路。中国自主的知识体系不是闭门造车、自我欣赏，而是既要吸收人类文明的一切优秀成果，以开放的胸怀接纳世界各国的先进知识、思想和文明精华；又要努力推动中华文化参与"世界性的百家争鸣"，特别是要展现中华文明的普遍性价值和世界性意义，弘扬其所蕴含的全人类共同价值。孟子曾说："物之不齐，物之情也。"（《孟子·滕文公上》）对于不同文明之间的关系来说，即要求正视世界文明格局的差异化事实，不同文明之间的差异是客观存在的事实，但事实上的差异不意味着必然发生观念的冲突与行动的对抗，只有以一种文明凌驾于另一种文明之上才可能会导致文明之间的冲突。在世界历史上，不同文明和文化的发展有着一定程度的差异性，但差异性蕴含着互补性、借鉴性。美国学者威尔·杜兰特曾指出："文明是合作的产物，几乎所有的民族都对此有所贡献，这是我们共同的遗产和债务。"①中国古代的四大发明曾助推了世界文明的巨大进展，而近代欧美国家的科学技术也大大推动了中华文明的更新，这种不同民族所创造的知识和文化之间的互补、借鉴，对全体人类生活的改进起到了不可或缺的作用。不同文明之间的互鉴交流的前提在于包容，没有包容性就不可能有人类知识、思想乃至文明的进步。虽然近代中国曾一度因为拒斥西方科技和商业文明而带来"落后挨打"的惨痛教训，但总体上来看，中华文明具有强大的包容性，对于与己相异的外来文化，中华文化历来倡导兼容并蓄，"万物并育而不相害，道并行而不悖"（《中庸》），有着"厚德载物""和而不同"的思想传统。不是单从"以我观之"的自我中心

---

① 威尔·杜兰特、阿里尔·杜兰特：《历史的教训》，倪玉平、张闳译，四川人民出版社，2011年，第41页。

角度来看待世界,而是推崇普遍性立场的"以道观之",注重交流互鉴中的相互理解和相互尊重,形成了"美人之美,美美与共"的开放包容气度。从吸收世界文明精华的角度来说,人类的知识具有普遍性,在对自然世界和人类社会的探索中,人类在整体上有着共通之处,不同个体和群体在知识获取和建构上各有其长处,吸收他人之长可以减少自身探索的难度、节省自身探索的时间,尽快达到知识上的取长补短、齐头并进,从而凭借知识的进步、技术的改善而在总体上改善人类生活。就此而言,建构自主知识体系并不意味着对世界先进文明的拒斥和排异。从参与"世界性的百家争鸣"的角度来说,中国建构自主的知识体系不是为了孤芳自赏、标新立异,而是要依靠自己的文明底蕴和独立创造来解决人类生活中共同存在的问题,摆脱受制于人的阶段性困境,为人类普遍性问题贡献中国智慧。更进一步说,中国所构建的自主知识体系是否能够得以确证,是否具有人类共同性意义上的价值,还要放到整个世界的维度上去检验。能否解决人类的共同问题、能否应对全球性挑战、能否增进全人类福祉,将是检验中国自主知识体系可否成立的试金石。在谈到自主知识体系的时候,杨国荣教授曾指出:"所谓自主的知识系统,主要就是指形成于这种文化系统中,被其他的文化系统所确认的创造性成果。"①辩证地来看,"自主性"与"他人的认可性"是不可分离的,只有经得起人类生活实践检验的知识才具有普遍有效性,而中国自主知识体系的普遍性意义也将在全人类的生活实践检验中得以展现。中华文明的包容性特质决定了中国自主知

---

① 杨国荣:《建构中国自主的哲学知识体系:可能之道》,《哲学分析》2023 年第 2 期,第 160 页。

识体系必然是既吸收世界先进文明又能以自我的独特贡献为人类增进福祉的新创造，只有这样，才能既具自主性又具普遍性。总而言之，中华文明要通过吸收世界文明来促进中国自主的知识体系建构，同时通过各种途径展现中国气象、中国格局，使得不同文明的交流互鉴成为推动整个人类文明进步的动力。

对于哲学社会科学来说，建构中国自主的知识体系有必要进一步坚持中华文化的主体性、面向未来的创造性、交流互鉴的开放性。坚持中华文化的主体性，意味着延续中华文明的自主性、连续性，接续中华文明的辉煌成果，"依自不依他"，以自主的知识生产、文化传承来推进中华文明的创新；坚持面向未来的创造性，意味着建设中华文明的传承不是复古好古、因循守旧，而是以普遍性现实问题为驱动、以天下为己任，以知识创新的成果为人类文明新形态作出坚实的贡献；坚持交流互鉴的开放性，意味着既要吸收世界文明的优秀成果来加速自主知识体系的建构，同时还要将中国自主的知识体系推向世界，经由"世界性的百家争鸣"而得到整个人类生活实践的检验和确认。坚持中华文化的主体性、面向未来的创造性、交流互鉴的开放性，才能更好构建中国自主的哲学社会科学知识体系，从而为推动中华文明的传承与创新和开创人类文明新形态做好思想意识和文化观念上的基础性准备。

（根据朱承 2023 年 10 月 19 日授课内容整理）

【教学答疑】

青年教师：朱老师，听了您的讲授之后我非常有感触，您从文化研究的角度和一个专业学者的角度为我们做了一个很好的梳理,对五个方面的特性也阐述得非常清楚,最后您也提到,无论是文化研究还是做各个学科专业的研究,落脚点都应该是问题意识,要面向未来、回应大众的关切,这个共通点是这一节课很重要的落脚点。那么我想请教您的是,我们在课上讲到坚持中华文化自主性、创造性和开放性时,一般也会用一些案例来导入,这样能够使低年级的学生更容易理解,更容易进入课程的节奏。在您看来,我们在以最近的一些数字文创等文化现象为案例的时候,有什么需要注意的地方?

朱承:这个问题非常好,其实你们思政老师是这门课的专家,我就简单谈谈我的看法。我们对于数字文创的意识已经有很多年了,从 2008 年北京奥运会开幕式上的数字文化元素开始,数字文创就逐渐步入寻常百姓家了。那么在创造新的文化的时候,必须有可以依据的文化资源。国外的文创产品往往与卡通人物、动漫形象、影视角色等 IP 紧密相连,其实都是和现在、未来相关的。而我们国家的文创产品,可以吸取的资源主要是我们五千年的传统文化,并将其与科技手段结合起来。这一方面反映了一个无奈的现实,即我们当前的文化发展的成果还是不足的,还需要借助"老祖宗",另一方面也说明古代的智慧仍然有极大的创新发展空间。所以我们现在发展数字文创,形成"国潮热",是一个非常好的现象。那么我们在授课的时候,不仅要给同学们讲我们做得好的地方,还应该给同学们讲清楚我们还有可以改进和提升的地方。对于社会上的一些极端的情绪、一些突出的问题,我们还是有义务去引导同学们正确看待的。

【拓展阅读】

朱承主要围绕"把握中华文明的突出特性,担负新的文化使命"进行深入研讨。在中华文明的突出特性上,需要准确把握中华文明的连续性、创新性、统一性、包容性、和平性,不仅是对中华文明精神特质的高度概括,更体现出中华文明现代建设者的具体使命。朱承还提出,中华文明中蕴含了丰富的中国哲学元素,我们还可以从中国哲学中探寻共同体意识。在《中国哲学的普遍性探寻与共同体意识》一文中,朱承论述道:

共同体意识的关键之处在于"共同",成员分有某一共同事实(如血缘、地缘、体貌、语言等)或者持有某一共同价值(如理想信念、政治立场、文化传统、宗教信仰等)是维系共同体存续的必要前提,但能够成为"共同"事实或"共同"价值的范围则有着特定性和普遍性之分。以特定人群作为主体来分有特定的共同事实或价值,建构了"人群"意义上的共同体;而以整个人类作为主体来分有普遍性的共同事实或价值,则指向"人类"意义上的共同体。"人群"意义上的共同体成员分有"特定的"事实或价值,因"结群"方式不同带来了群际之间的界限分明,为了维系特定共同体的自身利益,常常需要将"我们 VS 他们"的意识贯彻始终,极端的还容易造成以特定群体为中心的保护主义和分离主义。"人类"意义上的共同体则以所有人都具有的普遍一致性事实以及全人类共同价值作为基础,以天下观天下、以人类观人类,以人类生活的普遍共同性来包融或消解不同人群之间的差异和分裂,推崇万有共通、天下大同的理想境界。"以群观之"的"人群"共同体意识,强化了不同人群、族群之间的封闭感和边界感,在一定意义上引发和加剧了人类生活中的冲突。虽然目前在政治、经济、文化、社会等领域内还无法超越"群主体"意义上的人群共同体,但人们迫切需要深刻认识人类生存发展中的普遍一致性,克服"群际"之间的对立对抗,树立"以类观之"意义上的人类命运共同体意识,以此来促进人类社会中真正的合作交流与大同团结。"以类观之"的共同体意识,从理论上肇始于对世界存在着普遍同一性而不是分裂性的信念预设,在经验上基于人类生活中共同、共通的价值观念和行为规范,在情感上则展现为对人与人之间同情同理、普遍一体、命运与共的深切关怀,并且把人际、群际间的大联合、大协作、大团结以及由之而来的美好生活作为实践目标。

质言之,普遍性问题关乎"以类观之"的共同体意识之确立。中国传统哲学重视对"普遍性"的发掘和建构,注重在精神层面对人类生活隔阂性、分裂性、对抗性因素的扬弃,其中所盛行的"天下大同""道法自然""天人合一""理一分殊""万物一体"等观念,依据普遍合一性视角来看待人与世界、人与人的关系,从探求同一性的治理之道、阐扬整全性的自然之理、构造相通性的天人关系、期待一体式的伦常生活等维度展现出了"以类观之"的共同体意识。当然,由于中国哲学在表达上重历史叙述、重直觉体悟、重诠释训诂的特点,使其"普遍性探寻"气质常常有所遮蔽,因而如何展现传统中国哲学在普遍性问题上的认知以及如何对其进行共同体意义上的创造性转化和创新性发展,依然是有必要予以回应的理论问题。在中国传统哲学发展的历程上,其主流形态中所展现的万有相通、道通为一的普遍性精神气质,构成了共同体意识的基石,而对于不同特质之普遍性的追求,又展现了中国传统哲学共同体意识的多重面向。①

① 朱承:《中国哲学的普遍性探寻与共同体意识》,《中国社会科学》,2023 年第 10 期,第 162—182、208 页。

杨洁勉

秉持人类命运共同体，构建新型国际关系

【专家简介】

杨洁勉，毕业于华东师范大学英语专业，先后获得上海国际问题研究所硕士学位、美国弗莱彻法律和外交学院硕士学位和上海外国语大学博士学位；现任上海国际问题研究院学术咨询委员会主任、国际顾问委员会主席、二级研究员，外交部外交政策咨询委员会委员，国家社科基金评审专家组成员，教育部社科项目评审专家；曾任上海国际问题研究院院长、学术委员会主任，上海市人民政府参事、政协上海市第十一届委员会对外友好委员会副主任、中国国际关系学会副会长、中国公共关系协会副会长、中华美国学会副会长、上海市国际关系学会会长、上海国际战略问题研究会会长、（美欧亚）三边委员会执行委员会委员和中国组组长、中俄友好和平发展委员会委员、中国人民外交学会理事、国台办海研中心特约研究员、中国人民解放军国防大学兼职教授、华东师范大学兼职教授、上海外国语大学特聘教授、苏州大学兼职教授等；获中共中央和国务院授予的"世博先进个人"荣誉称号，享受"国务院政府特殊津贴"，被评为"上海市杰出

专业人士"。

【内容提要】

当前，世界之变、时代之变和历史之变正以前所未有的方式展开。杨洁勉就"中国内外环境变化的新特点、中国的应对战略思路和主要举措"这一主题展开深入剖析。他认为，在分析中国内外环境变化新特点的基础上，需要正确把握当今天下大势，客观认识中国的地位和作用，综合研判中国内外环境的新变化。除此之外，中国外交在注重提升国际传播能力的同时，也要加强对别国的实际了解，不断开创中国特色大国外交新局面，提高我国国际影响力、感召力、塑造力。

【专题解读】

国际社会发生动荡时，麻烦制造者往往会趁机兴风作浪，如推行强权政治和维护霸权，又如破坏多边主义和推行单边主义等。但在变革问题上，以中国为代表的世界进步力量则可能也应该下"先手棋"和掌握主动。放眼全球，广大发展中国家的经济规模日益壮大，热切期盼推动世界多极化和国际关系民主化，反对霸权主义、强权政治、冷战思维和阵营对抗，在国际事务中发挥着越来越重要的作用，代表了全球治理改革和国际秩序演变的潮流所向。当然，正如世界动荡变革历史所展现的那样，变革绝不可能一蹴而就，而是需要长期不断积累量变，才可能引发质变，甚至在变革发展的过程中，还会不时受到逆流冲击而出现暂时的曲折。

为此，国际社会的进步力量和上升力量应当更加清楚地认识动荡和变革的对立统一关系,在事关时代进步和人类命运的极其重大的问题上要增加共识、协调战略,特别要统筹好发展与安全的问题。发展是解决一切问题的总钥匙,无论是应对引发世界动荡的各类情况,抑或积累世界变革所需的能量,根本上都要将发展问题置于全球宏观战略和政策的核心位置。同时,国际社会需要本着安全不可分割的原则,坚持共同、综合、合作、可持续的安全观,坚决反对和预防战争,支持一切有利于和平解决危机的努力。此外,所有主张和平发展的国家都需要把理想变为现实,把主张变为计划,把政策变为行动。展望未来,动荡变革期的世界处于历史发展的十字路口,我们需要抓住和用好时代赋予的各种机遇,有效应对必将面临的不确定不稳定因素导致的重大挑战。就构建新型大国关系而言,我们要进一步将习近平总书记的有关重要论述、思想理论和政策落到实处,从而促进各类大国走上和平发展的正道,共同"行天下之大道"。

习近平外交思想蕴涵着丰富的历史唯物主义的精华,将继续指导我们发展和增强综合国力,客观认识国情和世情的现状和趋势,把握世界发展规律和阶段任务,科学地确立中国的战略方位和战略任务,在理想和可能中取得综合平衡,在应对挑战和克服困难中实现当代大国的历史使命。习近平总书记在运筹和推进新型大国关系时还特别强调辩证思维和两手准备。为此,我们既要有"时与势在中国一边"的定力、底气、决心和信心,还要看到新型大国关系建设任重道远。习近平总书记指出:"实践没有止境,理论创新也没有止境。"[①]建设新型大国关系是构建

---

① 习近平:《习近平著作选读》(第二卷),人民出版社,2023年,第22页。

人类命运共同体的重要组成部分,需要国际社会的共同参与和全面实践。作为社会主义大国和发展中大国,中国理应在增强实践自觉中提高历史自觉和理论自觉,以其不断的实践探索和理论创新推动建设一个持久和平、普遍安全、共同繁荣、开放包容、清洁美丽的世界。

国际动荡形势下的变革任务和相关挑战

党的二十大报告指出:"世纪疫情影响深远,逆全球化思潮抬头,单边主义、保护主义明显上升,世界经济复苏乏力,局部冲突和动荡频发,全球性问题加剧,世界进入新的动荡变革期。"面对层出不穷的问题和挑战,整个国际社会都在关心世界的前途和方向。但是,在分析和认识形势时,虽然注意力往往集中于世界的动荡,但有识之士还是在研究如何推进变革的问题。2022年9月,联合国大会一般性辩论的主题是"分水岭时刻:以变革方案应对相互交织的挑战"。联合国大会秘书长古特雷斯呼吁各国应形成真正的世界联盟,紧急克服分歧并共同行动。联合国大会主席克勒希则支持会员国寻求具有变革性、以影响为导向,以及具有系统性和可持续性的解决方案。足以见得,国际社会不仅需要认识世界动荡的原因,还要积极地去探索变革问题。

由于国际形势的发展变化趋向严峻,党的十九大报告指出,"世界正处于大发展大变革大调整时期"。党的二十大报告将当前形势进一步概括为"世界进入新的动荡变革期"。

第一,新的动荡变革时期的主要特点。与百年来的前三次动荡变革时期相比,本次新的动荡变革期出现了"新特点",主要包括以下三点。

其一,本次动荡的根源除了传统的地缘战略和军事安全冲突外,非传统安全因素极为突出,其中又以新冠疫情为代表。一方面,新冠疫情体现出超大规模、超长时间、超强烈度的破坏性,对现行的全球卫生治理机制形成极大冲击,增加了全球安全治理的难度。另一方面,新冠疫情又衍生出一系列政治、经济、社会的次生危机,并直接作用于国际格局与国际秩序。在政治方面,各国在相当一段时间内采取封闭边界的方式应对疫情,客观上加速了逆全球化趋势。在经济方面,国际货币基金组织发布的 2023 年《世界经济展望》指出,全球经济目前的主旋律是"低增长中的高通胀"(inflation peaking amid low growth),经济预期产出将持续缩水。在社会方面,包含城市规划、人流物流、国际交流、出行方式、行业形态、工作方式在内的主要生活生产方式均在疫情的长期影响下受到难以估量的冲击,国际社会的风险防控与应急管理能力面临严峻挑战。可以说,当下传统安全与非传统安全之间呈现出紧密关联、复合交织、演化转变的关系。

其二,本次动荡在相当程度上中断了 20 世纪 90 年代以来国际合作的努力和趋势。政治攻击、安全冲突、外交失措、科技脱钩等接二连三地破坏世界的和平与稳定,单边主义和团伙式"多边主义"很可能使集团对立和冷战重开成为现实。一贯以"国际秩序维护者""国际体系建设者""国际合作推动者"自居的美国,却为维护一己私利、巩固本国霸权而不惜主动破坏国际秩序。其实行贸易保护主义、退出国际组织以及违反军控规定等不负责任的单边行径,是逆历史发展潮流的重大倒退。拜登政府以所谓"加强基于规则的国际体系""民主对抗专制""建立志同道合的价值联盟"等为由，极力推行排他性的"多边主义"，仅在所谓的"印太"地区就有美英澳三边安全伙伴关系（AUKUS）、美日印澳四方安全对话（QUAD）、五眼联盟（Five Eyes Alliance），以及正在筹划中的芯片四方联盟（Chip4）等多个组织机制，涉及军事合作、情报互通、高新技术及价值链共享、地区事务建设等多个维度。美国及其盟友的此番做法极大地增加了国际社会在多边主义问题上达成共识与合作的难度，正如世界银行前首席财务官伯特兰·巴德（Bertrand Badré）和不列颠哥伦比亚大学教授肖逸夫（Yves Tiberghien）所言："我们长久以来所依赖的国际机构、规范和路径正日益被地缘政治所掩盖。……虽然世界多数国家仍继续支持多边主义，但若没有世界上最大的经济体和军事大国的参与，全球治理就难以为继。……国际社会必须以实用主义态度面对冲击，排他性的区域主义或意识形态俱乐部并非解决之道。"

其三，动荡呼唤乃至催生变革。国际社会不仅对于变革有强烈的要求，而且正在以积极的行动推动变革的发生。以金砖国家为代表的发展中大国群体为世界经济贡献了新的增长点。根据世界银行的数据，金砖国家国内生产总值占全球的比例从2000年的8.37%上升到了2020年的24.6%，在"开放、包容、合作、共赢"的金砖精神引领下，金砖国家逐步推进应急储备安排和新开发银行等机制化建设，推动现有的全球经济治理体系向着更加公正合理的方向发展。更为重要的是，发展中国家群体性崛起正在促进国际体系变革从原则走向现实。相当数量的新兴市场国家与发展中国家通过不断学习先进科学技术和管理模式,探索本国社会发展道路,成长为国际体系中不可或缺的政治经济行为体,并在事关全球经济治理、维护发展中国家权益等问题上进行协商、配合,开始参与全球治理的顶层设计,成为变革国际体系重要的"撬动性"因素。

第二,新的动荡变革时期的主要任务。国际社会要在消除动荡和加强变革两方面双管齐下,当然也要随着形势的变化在某一特定时期集中应对一个重点,并为解决另一个重点的问题做好准备。

在应对和解决动荡方面,国际社会要标本兼治。鉴于当前的动荡具有传统、非传统和新议题的叠加、反复和长期的特点,国际社会首先要及时应对各种挑战,防止其拖延成积重难返的"老大难"问题,如世界经济长期徘徊不前、乌克兰危机久拖不决等。再如,针对也门和非洲之角等某些国家和地区的持续动乱和战乱,各国应一同努力推动"非洲之角和平会议""也门冲突各方会谈"等地区事务机制化建设,积极打造合作示范项目。

在推进和实施变革方面,国际社会要在目标导向下分阶段、分地域、分领域地进行。首先,要大力推进以经济科技进步为基础的维稳战略、机制和举措,并努力在观念、设计、方式、主体、成本等方面做到拓展与超越、创新与重构。当前人类社会巨大的生产能力同滞后的分配体制的差距还在扩大,这不仅增加了经济科技发展的内外困难,而且造成政治对立、社会受损、安全多变等种种问题。因此,首先要确立公平、正义、高效、稳定等指导原则,要在更高的站位上制定战略、改革制度和加强落实,要在物质财富的生产和分配中坚持改革。其次,要深化全球治理体系的改革,特别要在经济金融的高端决策、政治外交的相互磋商、军事安全的维持底线、生态环境的共同努力、思想文化的交流交锋等方面进行体制和机制改革，特别要增加广大发展中国家的代表性、规则权和话语权，推动各方各施所长、各尽所能，通过多双边合作等形式充分发挥各国潜能优势，携手解决当下全球治理体系的"不全球""不均衡""少担当""工具化"等顽疾沉疴。最后，要在长远宏大目标的指引下分批分步进行改革。在变革的理想和实践方面，非西方群体是先锋队，但回顾二战以来，他们虽然不乏充满热情的理想和追求公平正义的要求，却往往在理想和现实、长期和近期、需要和可能、公平和效力之间不能综合平衡和循序渐进，以至于至今仍未能达到预期的目标和理想。

第三，国际社会在全球治理体系变革中寻求认识和行动的最大公约数。合理有效的全球治理体系是旨在覆盖整个世界和大多数重要议题的、有国际权威的、能够最大限度动员整个国际社会力量应对各种挑战的体制机制。不可否认的是，国际社会成员在全球治理体系的建设和变革问题上的利益、诉求、途径、目标不尽相同，联合国等合作平台又存在理念贯彻困难、治理结构松散、治理能力不足、监督保障缺乏等客观局限。但在现有条件下，联合国平台仍是能够最大限度地应对和解答人类社会目前面临的重大挑战的最优选择。例如，联合国的《2030年可持续发展议程》和《巴黎协定》等，几乎得到了所有国家的赞同和参与，展现了全球治理体系在经济、社会与环境等范畴的高可塑性，又标志着全球治理理念从法理建设到规则执行的伟大迈进。因此，在国际社会的共同努力下，世界各国的政府和人民能够在人类面临的许多重大挑战问题上达成共识并付诸行动。

需要指出的是,国际社会在全球治理体系的变革上需要共商共建共享,所有行为体需要努力达成共同目标的最大公约数,主要行为体更需要理解其他行为体的处境和意愿,在相互尊重和互谅互让的基础上实现共赢多赢。对于坚持冷战思维与零和理念的少数行为体,国际社会既要进行坚决斗争,也要多做工作,让全球治理体系渐进地实现从西方价值到全人类共同价值、从大国治理到全球共治、从功能治理到系统治理的全方位变革,在冲破阻力和解决困难中不断前进。

习近平外交思想指导构建大国关系新格局

当前,中国的综合国力和国际地位都达到了历史新高,因而在新的动荡变革时期能够发挥更大的作用。党的二十大报告指出,"中国共产党和中国人民为解决人类面临的共同问题提供更多更好的中国智慧、中国方案、中国力量,为人类和平与发展崇高事业作出新的更大的贡献"。恩格斯指出:"国家是社会在一定发展阶段上的产物。"[①]只要人类社会还需要国家的存在,大国和大国关系格局就在相当大程度上决定着国际大势和发展趋势。因此,习近平外交思想在论及和应对国际关系这一重大课题时,强调要总结大国关系格局的特点,把握其发展规律,并因势利导地构建大国关系新格局。

习近平总书记关于大国关系格局的理念创新和理论总结,首先来自当代波澜壮阔的时代风云和砥砺前行的大国关系实践。他在总结中国外交实践时深刻地指出:"在实践中,我们积

---

① 中共中央马克思恩格斯列宁斯大林著作编译局:《马克思恩格斯全集》(第二十八卷),人民出版社,2018 年,前言第 3 页。

累了有益经验和深刻体会,对外工作要坚持统筹国内国际两个大局,坚持战略自信和保持战略定力,坚持推进外交理论和实践创新,坚持战略谋划和全球布局,坚持捍卫国家核心和重大利益,坚持合作共赢和义利相兼,坚持底线思维和风险意识。"①同样,习近平总书记在大国关系上亲力亲为,积极有效地处理新形势下的大国关系,努力提高发展中大国在全球事务中的地位和作用,强调和践行大国在全球治理及其体系改革中的责任和担当等,从而成为新型大国关系的倡导者、实践者和引领者。

习近平外交思想及其关于大国关系格局的理念具有站位高、立意深、视野远的时代特点。面对当今世界的风云变幻,习近平总书记以中国化马克思主义的哲学和睿智,解答了人类社会来自何处、处于何处和走向何处的时代之问、世界之问、人民之问,提出构建大国关系新格局的方向、原则、战略、路径和政策等。环顾当今世界,中国关于大国关系的理念和实践,显然远在那些民粹主义、选举驱动和地缘博弈思维之上,正以其先进性、可行性和示范性为国际社会提供新的思考、方向和选择。

习近平总书记在分析和应对大国关系时一贯强调问题导向。他指出:"问题是时代的声音,回答并指导解决问题是理论的根本任务……我们要增强问题意识,聚焦实践遇到的新问题、改革发展稳定存在的深层次问题、人民群众急难愁盼问题、国际变局中的重大问题、党的建设面临的突出问题,不断提出真正解决问题的新理念新思路新办法。"②自然,大国关系格局是"国际

---

① 中共中央党史和文献研究院:《习近平关于中国特色大国外交论述摘编》,中央文献出版社,2020年,第280页。
② 习近平:《习近平著作选读》(第一卷),人民出版社,2023年,第17页。

变局中的重大问题",需要在当前和今后相当长时期内,研究其基本动因、内在规律、主要议题、规范原则、理念理论和发展方向等。与此同时,还要研究、剖析和应对典型案例,如中美关系、发展中大国崛起、大国和中小国家关系等问题的新特点和新趋势。

习近平总书记关于中国特色大国外交和大国关系的论述具有非常重要的国际影响和世界意义。一是指出了大国关系与整体国际关系同频共振。习近平总书记总是把大国关系置于更大的历史框架和时代使命之中,强调潮流、时势、责任、使命和担当等。大国关系虽然是整体国际关系极其重要的组成部分,但两者毕竟还是部分与整体的关系。大国关系的发展只有在体现整体国际关系方向时,才能成为时代的主流并发挥建设性的作用。二是处理大国关系言利但也要讲义。中国并不讳言国家外交主要服务于国家利益,坚持国家利益为重、国内政治优先。中国外交坚持物质本原论,强调发展是第一要务,着力提升国内民生福祉,并在此基础上主张在世界范围内做大和分好"蛋糕"。三是在国际上高举公平正义的旗帜。习近平总书记倡导和弘扬基于"和平、发展、公平、正义、民主、自由"的全人类共同价值,摒弃美国独尊、西方优越、冷战思维、零和博弈、以邻为壑和丛林法则等过时和错误的言行。四是有目标但分步骤地解决大国关系的主要和重要问题。中国强调要在把握人类社会发展大方向和大目标的同时,根据需要和可能解决当前问题,并为解决长期或未来的问题做好准备。五是差异化和错位发展大国关系。构建大国关系新格局不可能一蹴而就,需要长期的艰苦努力和分步推进。中国根据各类大国的具体情况制定不同的阶段性目标,有的是深化战略伙伴关系,有的是防止失控和对立对抗,创造各种条件使大国关系最终走上相互尊重、和平共处、合作共赢的正道。总之,习近平外交思想博大精深、内涵丰富,是我们认识和分析全球事务和国际问题的理论指南和根本遵循。同理,习近平总书记关于大国关系的重要论述和分析使我们能够更加深刻地理解和抓住大国关系的实质,在观察、认识、分析和处理大国关系时,推动大国关系新格局朝着更加有利于世界和平、发展、合作、共赢的方向发展。

习近平外交思想关于大国关系的战略思维和理论创新

党的十八大以来,习近平总书记高度重视大国关系,亲自指导中国与各类大国的外交事务工作,不忘初心地坚持根本原则,与时俱进地更新和创新理论,方向明确地构建大国关系新格局。

第一,习近平外交思想与时俱进地发展和完善大国关系理念。

20 世纪 90 年代初以来,伴随综合国力持续大幅上升,中国在大国关系中的地位和作用不断提升。党的十八大之后,中国特色大国外交中的"大国关系"在新形势和新语境下,又有了新的发展。习近平总书记不失时机地提出了"中国特色大国外交"的新理念,他指出:"中国必须有自己特色的大国外交。我们要在总结实践经验的基础上,丰富和发展对外工作理念,使我国对外工作有鲜明的中国特色、中国风格、中国气派。"[①]而且,中国以大国的身份认识和处理包括大国关系在内的对外关系,强调中国的大国责任和大国担当。

---

① 中共中央党史和文献研究院:《习近平关于中国特色大国外交论述摘编》,中央文献出版社,2020 年,第 19 页。

中国还根据世界多极化加速发展的态势,对当代大国重新进行了定义。习近平总书记在二十国集团领导人第十七次峰会上发表的重要讲话中指出,二十国集团成员都是世界和地区大国,应该体现大国担当,发挥表率作用,为各国谋发展,为人类谋福祉,为世界谋进步。尤需指出的是,中国在界定大国关系时一再强调发展中大国的国际地位和作用,要求增加其代表性和话语权。习近平总书记在2023年向金砖国家工商论坛闭幕式发表致辞时指出:"当今时代,以金砖国家为代表的新兴市场国家和发展中国家群体性崛起,正在从根本上改变世界版图。""中国始终同其他发展中国家同呼吸、共命运,坚定维护发展中国家共同利益,推动增加新兴市场国家和发展中国家在全球事务中的代表性和发言权。"[1]中国明确和强调发展中大国乃是当代大国的这一坚定立场,客观反映了当前国际力量对比变化的事实,批驳了以美国为首的西方守旧和排外的"大国观",增加了当代大国中的新生和积极因素,同时也为构建大国关系新格局进行了必要的准备和铺垫。

第二,习近平外交思想着力当代又着眼未来的大国关系原则。

当今世界正在经历百年巨变,大国关系面临重大变化和格局性过渡,需要确立和维护与之相适应的原则。值此历史性转变的关键时刻,美国及其一些盟友倒行逆施,坚持冷战思维,重弹政治对立和军事对抗的老调,试图以其制定的原则和规则"规范"当代国际关系,并维护其一己私利。

---

① 王传军:《习近平向金砖国家工商论坛闭幕式发表致辞》,《光明日报》,2023年8月23日第2版。

与此形成鲜明对照的是，中国在坚持历来行之有效的原则基础上，又提出了不少新的原则。在总的原则方面，习近平总书记多次指出，"国际上的事大家商量着办"①。在大国关系的原则方面，他引领性地强调："促进大国协调和良性互动，推动构建和平共处、总体稳定、均衡发展的大国关系格局。"②习近平总书记还针对各类大国应负的历史责任和时代担当，分别提出了以下原则。

其一，中国和俄罗斯共同反对霸权主义和强权政治。习近平总书记指出："中方愿同俄方以及全世界所有反对霸权主义和强权政治的进步力量一道，反对任何单边主义、保护主义、霸凌行径，坚定捍卫两国主权、安全、发展利益和国际公平正义。"③

其二，中国寻求中美长期和正确的相处之道。习近平总书记指出："国际关系中最重要的事情是中美必须找到正确的相处之道。"④在当前和今后相当长时期，中美相互尊重、和平共处、合作共赢就是正确之道的基本原则。

其三，中国希望与欧洲共同维护多极世界和多边主义。习近平总书记指出："中欧都主张维护以联合国为核心的国际体系，可以共同践行真正的多边主义，合力应对挑战，共同维护世界和平与发展。双方要引领全球应对气候变化和生物多样性保护、能源安全和粮食安全、公共卫生等努力，加强各自优质公共

---

① 习近平：《习近平重要讲话单行本》(2021年合订本)，人民出版社，2022年，第109页。
② 习近平：《习近平著作选读》(第一卷)，人民出版社，2023年，第50页。
③ 《习近平同俄罗斯总统举行视频会晤》，《光明日报》，2022年12月31日第1版。
④ 中共中央宣传部、中华人民共和国外交部：《习近平外交思想学习问答》，2023年，第177页。

产品和合作平台的对接协作。"①

其四,中国正在与发展中大国共同承担更多的大国责任。例如,习近平指出:"中国和印尼作为发展中大国和新兴市场国家代表,要坚持真正的多边主义……推动全球治理朝着更加公正合理的方向发展。"②"中巴(西)是具有全球影响的发展中大国和重要新兴市场国家,互为全面战略伙伴,拥有广泛的共同利益,担负着共同的发展责任。"③中国和发展中大国共同努力,力避分裂对抗之危,共创团结合作之机,勇立时代潮头,推动全球治理变革朝着更加公正合理的方向发展。

第三,习近平外交思想把握大国关系原则的交汇和交锋。

在当前动荡变革时期,大国的数量和种类都在增加,它们的内外背景、世界观、国际体系观不尽相同,各自处理大国关系的原则存在差异,致使国际社会,特别是大国之间难以形成共识,增加了大国关系的复杂性。

其一,美国及其紧随者如英国和日本等在世界观和大国关系原则上的认知具有一致性和趋同性。拜登政府 2022 年 10 月发布的美国《国家安全战略》报告认为,美国正步入对其和世界其他国家来说具有决定性意义的十年,在此期间,美国面临主要大国竞相塑造新世界秩序及严峻的跨国问题两大挑战。为此,美国要做的就是建立强大、广泛的国际联盟,与共享价值观的国家一起对抗那些提供"阴暗愿景"的大国,阻止它们威胁美国的

① 《习近平同欧洲理事会主席米歇尔举行会谈》,《光明日报》,2022 年 12 月 2 日第 2 版。

② 余谦梁、刘华:《习近平同印尼总统佐科举行会谈》,《光明日报》,2022 年 11 月 17 日第 1 版。

③ 《习近平致函祝贺卢拉就任巴西总统》,《光明日报》,2023 年 1 月 3 日第 1 版。

利益，保持美国领导全球的地位。

英国苏纳克政府 2023 年 3 月发布的《综合评估更新 2023》同样认为，世界在未来十年面临全球权力分布的变化、国家间针对国际秩序性质的系统性竞争、迅猛的技术变革、不断加剧的跨国挑战等四大挑战。对此，英国提出，应对挑战的最优先事项是与共享价值观的民主盟友进行合作，借助"七国集团"和"五眼联盟"等机制优先在欧洲—大西洋地区和印太地区加强与志同道合伙伴的紧密协调。

日本岸田政府在 2023 年 4 月发布的《外交蓝皮书》中指出，国际社会正处于历史性的转折时期，新兴市场国家和发展中国家，特别是中国的快速发展，改变了国际社会的权力平衡，导致地缘政治竞争加剧。为了应对这一局势，日本需要以日美同盟为基础，强化与共享价值观的伙伴的合作。

其二，法国、德国等欧洲地区大国群体虽然与美国同属西方，但在世界观及处理大国关系原则上有异于美国，主张在大国竞争和地缘冲突风险上升背景下追求欧洲的"战略自主"并推动国际格局走向多极化。欧盟近年来接连发布多份外交、安全、防务等领域的战略报告，将欧盟对自我身份的认知从曾经的"规范性力量"转为"地缘政治力量"，并进一步加强自主能力的建设。这些报告强调，俄罗斯挑战多边主义基础和以规则为基础的国际秩序，损害欧洲和全球安全与稳定；视美国为战略伙伴并接受美国对欧洲安全的重要作用，但同时强调应减少对美国的军事依赖，不盲目追随美国政策。在对华立场上，欧盟仍旧延续"制度对手、经济竞争者和多边合作伙伴"的三分法定位。

法国马克龙政府 2022 年 11 月发布的《国家战略评估》报告

阐述了对中、美、俄三个世界主要大国的立场和政策。在对华关系上,法国的认知呈现复杂性和矛盾性:一方面,将中国视为战略竞争对手,强调通过"去风险"政策降低对华依赖,并在非洲和近东及中东地区平衡中国影响力;另一方面,法国认可与中国在多个领域和议题上开展合作的必要性和意义。在对美关系上,报告承认美国再次成为欧洲安全的主要提供方,但指出美国的战略重心已转向中国,这导致其他地区的力量对比出现了不符合法国战略利益的变化。在对俄关系上,法国将俄罗斯的军事扩张视为未来数十年的重大威胁,并指责俄罗斯在强权逻辑和帝国野心影响下与欧洲在各个领域发生对抗。

德国朔尔茨政府 2023 年 6 月发布该国在战后的首份《国家安全战略》报告,全面阐述了自身战略目标与安全外交政策。该份文件显示,乌克兰危机的爆发对德国的世界观和安全观产生了强烈冲击。在论及大国关系时,报告沿用了欧盟对华定位,在强调德国对华政策应保持平衡的同时,指出两国关系中"竞争和对抗的因素在上升"。在对美问题上,德国将深化跨大西洋联盟关系视为自身外交和安全政策的基石之一,并称美国是德国安全的核心保障。而俄罗斯则被认为正有目的地试图破坏欧洲民主社会的稳定,削弱欧盟和北约,是"可预见时间内欧洲和大西洋地区和平与安全的最大威胁"。

其三,发展中大国群体在历史上普遍遭受列强侵略和殖民而陷入落后状态,为此极为重视维护国家主权和发展权益,希望在维持大国关系稳定的同时推动国际秩序向公正合理的方向发展。印度莫迪政府将自身定位为"西南方大国",一方面追求巩固战略自主地位,另一方面与美国和西方进行议题式战略合作。

在大国外交层面,印度在美俄间进行战略对冲,同时加强与美俄的战略安全关系。俄乌冲突以来,印度总体选择中立立场以维护其战略自主性,在美日印澳"四边机制"与以金砖国家、上海合作组织为代表的新型国际机制间争取左右逢源。

印度尼西亚提出建设"集体的全球领导力"以应对全球挑战,推动全球多边体制改革,主张发挥东盟在东南亚区域发展中的核心地位,并在东盟框架内加强与其他大国的合作。印度尼西亚寻求在大国关系中发挥桥梁作用,避免成为大国博弈的棋子。它与中国积极发展全面战略伙伴关系,加快在基础设施、卫生健康、海洋研究等领域合作。同时,印度尼西亚也主张与美国建立可持续和稳固的伙伴关系。

巴西在外交传统上具有全球性和自主性的特征。卢拉政府上台后维持与美国的良好关系,但强调双边关系是平等和互惠的,追求战略自主性的一面更加突出。针对乌克兰危机,卢拉公开批评北约不断对俄罗斯加压的做法,并指责拜登政府一直在"煽动战争"。卢拉政府还加大对域外大国的外交力度,提升与中国、俄罗斯等发展中大国及欧盟战略合作的地位,以对冲美国对巴西构成的战略压力。

习近平外交思想指导我们看清大国关系的本质

当前,世界进入动荡变革期,许多矛盾趋向尖锐化,全球挑战更加纷繁复杂,国际关系中不稳定、不确定和不可知因素急剧上升。有鉴于此,习近平总书记强调:"所谓正确大局观,就是不仅要看到现象和细节怎么样,而且要把握本质和全局,抓住主要矛盾和矛盾的主要方面,避免在林林总总、纷纭多变的国际乱象中迷失方向、舍本逐末。"①

第一,指导我们把握大国关系中反霸和护霸斗争的新背景和新重点。

从 20 世纪 90 年代中后期开始,世界主要大国在国际和地区性机制、全球重大议题、全球治理等方面的合作有所加强,为国际社会共同打击国际恐怖主义、应对全球金融危机、落实联合国发展议程等作出了积极贡献。但是,历史总是在积极和消极两方面互动中前进,与上述积极贡献并存的还有消极的方面。例如,特朗普出任美国总统后极力推行地缘博弈和大国对抗的战略和政策。

当前,世界大国关系中的两重性和两面性相当突出。一方面,世界多极化进程和国际主要力量对比正朝着有利于广大发展中国家的方向发展。中国作为一个社会主义国家和发展中大国,是这一历史潮流的中流砥柱和先锋骨干,正在努力构建和推进代表时代进步的大国关系。但是,当代大国并非由中国一国组成,大国关系应当而且只能在"应然"和"实然"中取得平衡,并逐步推进。与此同时,以美国为首的西方国家试图通过寻敌联盟达到继续主导大国关系和全球事务的目的,继续维护其对发展中国家的所谓优势,为此全力打压和围堵中国。

第二,指导我们厘清反霸和护霸思想与行为的原则分歧和重大斗争。

美国和发展中大国的矛盾是多方面的,但其中最主要和最本质的矛盾在于对历史进步和时代趋势的认知和行为存在

① 《坚持以新时代中国特色社会主义外交思想为指导　努力开创中国特色大国外交新局面》,《光明日报》,2018 年 6 月 24 日第 1 版。

分歧。

其一,发展中大国的兴起为大国关系注入了时代进步意义。习近平总书记指出:"国际力量对比发生深刻变化,新兴市场国家和一大批发展中国家快速发展,国际影响力不断增强,是近代以来国际力量对比中最具革命性的变化。"①世界力量对比的东升西降具有重要的历史进步性,正在纠正500年以来殖民主义和资本主义造成的历史不公。而且,世界力量对比的逆转已经体现在国际体系和全球治理的体制机制变革上,从二十国集团的升级、金砖国家机制的扩容到亚洲基础设施投资银行和金砖国家新开发银行的诞生,国际秩序和国际体系迈向更加公正合理的趋势不可逆转。在世界的经济基础和上层建筑双重变化的作用下,以美国为首的西方掌控世界事务的能力日益式微,为此充满了旧时贵族的失落感,也产生了大权旁落的焦虑感。

其二,发展中大国和美国具有多重性和多层次的分歧,需要区别对待。发展中大国和美国在世界政治议题上的主要分歧在于参与度、代表性和话语权等方面。多数发展中大国要求更多地参与国际问题的决策,增加其在相关机制中的代表性,提高它们在重大问题上的话语权。2023年8月,习近平在"金砖+"领导人对话会上的讲话中指出,要提高发展中国家在全球治理中的代表性和发言权,支持发展中国家实现更好发展。美国则推行霸权主义和强权政治,声称要继续领导世界,企图按照美国的价值观和政治制度塑造其他国家和世界秩序。

发展中大国和美国在全球发展议题上的主要分歧在于全面

---

① 中共中央党史和文献研究院:《习近平关于中国特色大国外交论述摘编》,中央文献出版社,2020年,第219页。

性、公正性和合作性等方面。习近平总书记强调:"发展是人类社会的永恒主题。共享发展是建设美好世界的重要路径。"①经济科技发展是提升大国关系正能量和削弱负能量的主要杠杆和途径。但是,美国等西方国家将发展议题政治化、边缘化,搞"小院高墙"和极限制裁,人为制造分裂和对抗,以此阻止或延缓发展中大国的迅速崛起。

发展中大国和美国在国际安全议题上的主要分歧在于安全观和军事手段的作用等方面。主要发展中大国倡导通过政治外交手段解决地缘政治热点和难点,主张普遍、综合、可持续的新安全观;美国等则泛化安全,突出军事,推行代理人战争,实施以盟友为体系、以实力为地位的西方强权安全观。事实上,穷兵黩武的美国已经成为当今世界战乱的一个极其重要的策源地。

发展中大国和美国在全球治理议题上的主要分歧在于建章立制和规范规则等方面。近些年来,全球治理的规则和制度在相当程度上遭到破坏,甚至变成美国的竞争工具,其"西方化"甚至"武器化"倾向更加显著。为此,发展中大国强烈要求改变以西方为中心的国际秩序,构建普惠的全球治理体系和国际经济金融架构。规则、规范、机制和体制是实现全球治理有效性的重要保障,对其改革具有深层次和长远意义。习近平总书记一再强调要维护联合国的权威,"让多边主义的火炬照亮人类前行之路"②。为此,中国秉持公正合理的原则,努力使全球治理体系更加平衡地反映大多数国家的意愿和利益,争取在全球治理新

---

① 《习近平向全球共享发展行动论坛首届高级别会议致贺信》,《光明日报》,2023年7月11日第1版。
② 习近平:《习近平外交演讲集》(第二卷),中央文献出版社,2022年,第321页。

规则的制定中把握更多更大的主动权和话语权。

第三，指导我们正确看待广大的中小发展中国家在大国关系中的新作用。

世界上的大国是少数，更多的是中小国家，其中又以发展中国家居多。在全球化、区域化、信息化、社会化等新环境下，中小发展中国家在大国关系中的地位和作用不断提升，成为必须考虑的因素。

中小发展中国家增强了它们在大国关系问题上的主动性。它们在很多问题上不再被动地接受某些大国的支配，而是根据问题的是非曲直作出自己的判断。例如，匈牙利在北约和欧盟中坚持其对华对俄的自主立场；新加坡在中美之间坚持不站队不选边；为寻求摆脱美元霸权，维护本国经济安全，巴西、阿根廷、玻利维亚等拉美国家纷纷采取"去美元化"措施。凡此种种，在相当程度上制约了美国等西方国家的"地缘博弈""集团对抗""美元霸权"等图谋。

中小发展中国家发挥群体性作用。近些年来，各种形式的组织机制不断涌现。党的十八大以来，中国与由中小发展中国家构成的国际组织积极开展机制性合作，实现了中国与所有发展中地区的对话合作机制，深化了中国-东盟命运共同体建设，召开了首届中国-阿拉伯国家峰会(2022 年 12 月)和中国-中亚峰会(2023 年 5 月)。中国和中小发展中国家的群体性合作为大国关系注入了正能量和新动力，促进了国际体系朝公正合理的方向发展。

中小发展中国家不断对美西方政策理念提出质疑。对此，日本首相岸田文雄在 2023 年 1 月访美期间表示，如果西方被全球南方抛弃,将会沦为少数派,不利于解决政策性问题。欧盟外交与安全政策高级代表博雷利 2023 年 9 月出席联合国大会时指出,现在在拉丁美洲、非洲、中东、北非,当然还有亚洲,几乎每个人都认为,不仅在经济上,而且在技术、军事和意识形态上都存在可以替代西方的可靠选项。

中国努力构建大国关系新格局

习近平总书记历来重视战略思维,亲自设计和推进中国特色大国外交,调动一切积极因素,有效应对挑战和困难,积极构建大国关系新格局。

中国积极发挥历史主动建设大国关系新格局。中国今天正处在从"站起来""富起来"走向"强起来"的历史新阶段,有意愿也有能力为建设符合时代潮流的大国关系新格局作出重要贡献。在大国关系格局问题上,习近平总书记强调,不仅要认识世界,而且更要改造世界。他指出:"面对严峻的全球性挑战,面对人类发展在十字路口何去何从的抉择,各国应该有以天下为己任的担当精神,积极做行动派、不做观望者,共同努力把人类前途命运掌握在自己手中。"①当前国际形势中的挑战不断增加。在美国的挑动下,大国关系中冷战思维抬头、集团对抗回潮、地缘博弈加剧,甚至发生了北约支持下的乌克兰与俄罗斯的直接军事对抗。为此,中国力推的大国关系新格局旨在实现大国之间和平共处、总体稳定、均衡发展。格局决定秩序和体系,建设性和稳定性的大国关系格局有利于当前国际体系和全球治理朝

---

① 习近平:《习近平外交演讲集》(第二卷),中央文献出版社,2022 年,第 175 页。

着公正合理的方向前进,并在力量对比、体系机制、思想理论等方面保障把人类前途命运掌握在自己手中。

中国在大国关系新格局中固本培元和扶正祛邪。中国在大国关系上主要做的是加法,其构建大国关系新格局的大体思路也是如此。

第一,主动承担时代使命。党的十八大报告、十九大报告和二十大报告彰显了中国的使命感和责任感。党的十八大报告指出:"中国坚持在和平共处五项原则基础上全面发展同各国的友好合作。我们将改善和发展同发达国家关系,拓宽合作领域,妥善处理分歧,推动建立长期稳定健康发展的新型大国关系。"党的十九大报告指出:"中国积极发展全球伙伴关系,扩大同各国的利益交汇点,推进大国协调和合作,构建总体稳定、均衡发展的大国关系框架。"党的二十大报告指出:"促进大国协调和良性互动,推动构建和平共处、总体稳定、均衡发展的大国关系格局。"由此可见,中国使命担当的战略目标和原则方向不断完善,体现了时代性和可行性,充满着建设性和正能量,因而也得到了国际社会大多数成员的认同和支持。

第二,中国努力构建总体稳定的大国关系框架。中俄新时代全面战略协作伙伴关系更加成熟坚韧,中欧和平、增长、改革、文明四大伙伴关系建设稳步推进,为中美关系指出相互尊重、和平共处、合作共赢的正确方向。党的二十大以后,中国和许多大国的关系得到进一步发展。2022年11月,德国总理朔尔茨就任后首次访华,是中共二十大召开后首位访华的欧洲领导人。他在与习近平主席会谈时指出,世界需要一个多极化的格局,新兴国家的作用和影响值得重视,德方反对搞阵营对抗,政治家有必要为此负起责任。2023年4月,法国总统马克龙在访华时表示,法方坚持独立自主外交,主张欧洲战略自主,反对搞对立分裂,反对搞阵营对抗;法国不会选边站队,而是主张团结合作,使大国关系保持稳定。巴西总统卢拉在访华时强调,巴西从推动建立公正合理的国际秩序的战略高度致力于同中国发展更紧密的关系。来华出席第31届世界大学生夏季运动会开幕式并访华的印度尼西亚总统佐科向习近平主席表示,要进一步促进两国全面战略伙伴关系发展,并认为习近平主席提出的全球发展倡议、全球安全倡议、全球文明倡议是开放包容的,印尼积极支持。

第三,坚持敢于斗争和善于斗争。当前,面对多重挑战和困难,中国在大国关系中越发需要坚持敢于斗争和善于斗争。其一,坚决维护国家的核心利益。"坚持以国家核心利益为底线维护国家主权、安全、发展利益"是习近平外交思想的重要组成部分。习近平总书记强调:"任何外国不要指望我们会拿自己的核心利益做交易,不要指望我们会吞下损害我国主权、安全、发展利益的苦果。"①其二,敢于反制从而使制裁者不再为所欲为。中国针对美国、英国等在台湾问题上一再挑战中方底线的行径,对有关机构和人员进行制裁,显示了中国在维护国家主权和领土完整方面的决心和能力。其三,善于斗争。中国在处理大国关系时,正是敢于斗争才维护了国家核心利益和国家尊严,正是善于斗争才不断赢得胜利。习近平总书记指出:"斗争是一门艺术,要善于斗争。"②在大国关系方面,中国根据形势变化及时调

① 《更好统筹国内国际两个大局夯实走和平发展道路的基础》,《光明日报》,2013年1月30日第1版。
② 习近平:《习近平著作选读》(第二卷),人民出版社,2023年,第259页。

整斗争策略，团结一切可以团结的力量，调动一切积极因素，寻求各国的最大公约数，积小胜为大胜，积小变为大变，化危机为转机，在变局中创新局。

中国以多边主义推进大国关系的体制机制建设。大国关系千头万绪，双边和多边问题不可胜数。但是，加强多边主义的体制机制建设能达到提纲挈领和纲举目张的成效。

第一，坚持以多边主义推进全球治理体系的建设和变革。习近平总书记指出："中国积极参与全球治理体系改革和建设，践行共商共建共享的全球治理观，坚持真正的多边主义，推进国际关系民主化，推动全球治理朝着更加公正合理的方向发展。坚定维护以联合国为核心的国际体系、以国际法为基础的国际秩序、以联合国宪章宗旨和原则为基础的国际关系基本准则，反对一切形式的单边主义，反对搞针对特定国家的阵营化和排他性小圈子。"[①]

第二，加强具体组织机制的建设。在全球层面，中国推动世界贸易组织、亚太经合组织等多边机制更好发挥作用，扩大金砖国家、上海合作组织等合作机制影响力，增强新兴市场国家和发展中国家在全球事务中的代表性和发言权。中国坚持积极参与全球安全规则制定，加强国际安全合作，积极参与联合国维和行动。在周边和地区层面，将大国关系和小多边结合。中国与东盟建立全面战略伙伴关系，澜湄合作等次区域合作加速发展，《区域全面经济伙伴关系协定》签署生效，中亚成为我国周边首个战略伙伴集群。在双边层面，中国不断深化伙伴关系，积极建

① 习近平：《习近平著作选读》（第一卷），人民出版社，2023年，第51页。

设覆盖全球的伙伴关系网络。截至 2023 年 9 月,中国已同 182 个国家建立外交关系,同 110 多个国家和地区组织建立不同形式的伙伴关系。例如,2023 年 9 月,中国与贝宁决定将双边关系提升为战略伙伴关系;同月,中国与委内瑞拉宣布建立全天候战略伙伴关系,等等。

第三,提出引领世界发展方向的全球倡议。习近平总书记先后在重要国际场合提出全球发展倡议、全球安全倡议和全球文明倡议,愿同国际社会一道努力落实。党的二十大报告明确指出:"我们真诚呼吁,世界各国弘扬和平、发展、公平、正义、民主、自由的全人类共同价值,促进各国人民相知相亲,尊重世界文明多样性,以文明交流超越文明隔阂、文明互鉴超越文明冲突、文明共存超越文明优越,共同应对各种全球性挑战。"

(根据杨洁勉 2023 年 9 月 10 日授课内容整理)

【教学答疑】

青年教师:我是新入职的老师,刚刚上思政课,跟学生进行交流的时候,发现目前学生对于中国的官方外交表态呈现了一定分化。面对学生观点的分离,应该如何正确引导学生,为他们导入正确的价值观,想听听您的意见。

杨洁勉:你要教这门课,建议你自己先要研究学懂习近平外交思想。你面对的是学生,学生有学生的特点。你要讲两面,但是你要把什么是正确的,或者尽可能正确的讲出来,要引导他们,不要就是抽象地讲。

因为外交是一门艺术,该硬的时候要硬,该软的时候还要软。举个例子,中美关系比较好的时候美国财政部前部长亨利·保尔森说要跟我们经济战略对话,曾经美国人把这个叫高级对话,说这个战略对话只适用于盟国之间,随着中国经济强大了,又改称经济战略对话。所以很多时候你不能抽象地讲,这是"缺钙外交",还是"战狼外交"。各位老师平时要多积累,要多加钻研。

【拓展阅读】

习近平外交思想是习近平新时代中国特色社会主义思想的重要组成部分,是马克思主义基本原理同中国特色大国外交实践相结合的重大理论成果,为新时代我国对外工作提供了根本遵循和行动指南。杨洁勉认为,我们应深入学习并贯彻习近平新时代中国特色社会主义思想和习近平外交思想,以更加昂扬的斗志,为实现社会主义现代化和中华民族伟大复兴贡献力量。对此,杨洁勉在《习近平外交思想与新时代中国特色大国外交的经验启示》一文中总结道:

习近平外交思想博大精深、体系科学。为此,我们特别要在以下三个方面深刻领悟和坚决落实。其一,主体思想坚定。习近平外交思想是马克思主义中国化时代化在外交领域的最新成果,坚持马克思主义实事求是和知行合一的基本哲学观,坚持认识世界和改造世界的同一性,坚持兼收并蓄中外优秀的思想理论。因此,习近平外交思想具有鲜明的目标观、正义观、道德观,并在此基础上明确了构建人类命运共同体和新型国际关系等中国外交的奋斗方向。其二,战略思维缜密。战略思维是中国共产党的看家本领,强调顶层设计、战略互动、战略定力和战略调整等。中国特色大国外交的战略思维不断发展和完善,形成了以下立体多维和点面结合的战略布局:一是深化拓展平等、开放、合作的全球伙伴关系,致力于扩大同各国利益的汇合点。二是促进大国协调和良性互动,推动构建和平共处、总体稳定、均衡发展的大国关系格局。三是坚持亲诚惠容和与邻为善、以邻为伴周边外交方针,深化同周边国家友好互信和利益融合。四是秉持真实亲诚理念和正确义利观加强同发展中国家团结合作,维护发展中国家共同利益。五是加强同各国政党和政治组织交流合作,积极推进人大、政协、军队、地方、民间等各方面对外交往。其三,政策原则创新。外交政策是体现主体思想和落实战略布局的抓手和平台。习近平外交思想传承了新中国外交政策的基本原则,如独立自主的和平外交政策、和平共处五项原则、大小国家一律平等的原则等。同时,习近平外交思想中的政策原则又蕴含着与时俱进的创新精神,坚定维护国家主权、安全、发展利益,坚决反对霸权主义和霸凌作风,倡导加强国际合作等重要行为准则。①

---

① 杨洁勉:《习近平外交思想与新时代中国特色大国外交的经验启示》,《当代世界》,2022年第11期,第10—15页。

黄庆桥

科技成就中国的光辉历程与经验启示

【专家简介】

　　黄庆桥,理学博士,上海交通大学马克思主义学院科学史与科学文化研究院教授、博士生导师,上海市"曙光学者",上海市马克思主义理论教学研究"中青年拔尖人才",上海市科技系统"四史"学习教育专家宣讲团成员;主要从事马克思主义理论、中国近现代科学技术史、科技战略与政策的研究与教学工作,主持国家社科基金项目等国家和省部级科研项目多项,多篇决策咨询报告获得上级批示,发表学术论文30余篇,在主流媒体发表通俗理论(科普)文章100余篇;出版著作《钱三强与中国科学》《科技重塑中国》《科技成就中国》《雪龙探极:新中国极地事业发展史》《新时代榜样科学家》等。

【内容提要】

　　党的十八大以来,我国科技事业发生了历史性、整体性和格局性的变化。黄庆桥从"新中国科技事业的恢复与初步发展""向科学进军""科学的春天""开启科技体制改革序幕""科教兴国战略和可持续发展战略""持续推进科技体制改革""建设创新型国家""科技资源与能力建设""创新驱动发展""激发人才创新活力"这十个阶段出发,按时间顺序分析了我国科技事业的主要发展历程,并介绍了其间取得的重大成就,由此,系统总结出我国科技发展成就得益于举国体制、规划科学和科教并举这三大经验。

【专题解读】

今天我主要与大家探讨我国科技事业的辉煌历程,以及辉煌历程所实现的成就与经验。

我国科技事业辉煌历程

第一阶段,新中国科技事业恢复与初步发展。新中国成立时,全国科技人员不超过 5 万人,其中专门从事科研工作的人员仅 600 余人,专门的科学研究机构仅 30 多个,科研设备严重缺乏,基础条件极其落后,部分科学家流落海外,现代科学技术几乎一片空白。恢复和发展经济对科技事业的发展提出迫切要求。在党和政府强有力的领导下,我国科技事业逐步走上了正常发展的轨道。恢复科技事业的正常发展,首先要恢复中国的科技体系。1949 年 9 月 21 日,中国人民政治协商会议第一届全体会议在北平(今北京)召开,会议讨论了建设国家科学院的提案。1949 年 10 月 25 日,科学院被正式命名为中国科学院。11 月 1 日,中国科学院在北京开始办公。中国科学院先后接收了北平研究院、台湾"中央研究院"等研究机构位于北京、上海、南京等地的各个实验室和研究所,并在反复酝酿斟酌之后进行了改编重整,设立 15 个研究所、1 个天文台和 1 个工业实验馆,并筹建 4 个研究所。1953 年 11 月,中国科学院党组向党中央提出成立学部,设学部委员。1955 年 6 月初,中国科学院学部成立大会在北京召开。会议通过了中国科学院第一个五年计划纲要草案,提出了"一五"期间的 10 项重点任务。在随后进行的制定国家科学技术发展远景规划、组织全国性学术会议、评定和实施自然科学奖励,以及分工领导中国科学院各研究所科研工作等方面,学部都起到了无可替代的重要作用。

与此同时,各地方政府在接管旧中国留下的科研、试验机构的基础上,根据本地区的实际情况迅速恢复、调整并建立当地的研究机构。截至 1955 年前后,中国科学院共有科研机构 44 个、职工 7 978 人,其中科研人员 2 977 人;全国共有地方科研机构 239 个、研究人员 4 000 余人。经过几年的发展,我国的科研机构和科技工作者数量得到了显著的提升,为以后的科技发展事业奠定了基础。科技人才队伍的组建是建立新中国科技体系的必然要求。高等院校是科技人才的摇篮,新中国的建设更是需要大量的工科人才。然而,1949 年,全国共有高等院校 205 所、在校生 11.7 万人,平均每万人中仅有高等院校学生 2.2 人,且以文科生为主。工科院校的学生人数不仅完全不能满足经济发展的需要,而且还面临着地区分布不合理、师资设备分散、系科庞杂、教学不切实际、培养人才不够专精等问题。由此,中央人民政府决定实施"以培养工业建设人才和师资为重点,发展专门学院,整顿和加强综合性大学"的方针,对全国高等院校进行大规模调整。到 1954 年,全国高等院校调整到 181 所,在校生人数达到 25.5 万人。工科专业数达到总专业数的一半,高等工科院校基本上形成了机械、电工、建筑、化工等学科专业比较齐全的新格局,师范、农林、医药院校也有所增加,为今后科技人员的来源提供了良好的保障。

在科技人才政策方面,新中国对旧中国留下来的知识分子实行留用政策,在全面接收旧中国科学技术机构和教育机构的同时,尽最大努力把原来在这些机构工作的科技人员留下来服务于新中国的科技事业。1956年1月,中共中央召开了关于知识分子问题的会议,《关于知识分子问题的报告》提出,除了必须依靠工人和广大农民的积极劳动外,还必须依靠知识分子的劳动。由此,知识分子政策得到了初步明确和界定。根据有关部门统计,截至1950年8月,在国外的中国留学生有5 541人,其中专攻理工农医学科的占70%。他们之中的许多人已经在自己的研究领域有所成就。大约从1949年到1957年春天,新中国迎来了海外人才归国的热潮,回国的人数在3 000人左右,可以说为新中国科技事业输送了极为宝贵的新鲜血液。除了积极欢迎海外留学人员回国外,党和政府高度重视科技人才的培养。在努力扩大高等院校的招生与办学规模的同时,向苏联及东欧国家派遣留学人员。截至1960年,中国先后选派专家1 000余人、留学生和实习生8 310人到苏联学习。这些留学生中的多数日后成为我国各个领域建设的技术骨干,有些还是我国科技领域和某些学科的开创者与奠基人。

新中国成立之初,面对西方世界的封锁禁运,我国只能通过苏联学习先进科学技术。1950年2月,中苏签订了《中苏友好同盟互助条约》,开始了全领域的合作。中国科学院采取了一系列措施学习苏联:不仅与高等学校同时开始派留苏学生、组织代表团访问苏联,还聘请苏联专家担任顾问。苏联派出了大批科技专家帮助中国开展经济建设,先后有数千名专家来我国工作。在1951—1958年来华的1 200位专家中,理工科方面的专家就有794人。应当说,中华人民共和国成立初期的中苏科技交流,在我国科技的恢复与发展的过程中发挥了极其重要的作用。

第二阶段,发起号召"向科学进军"。1956年,党中央发出"向科学进军"的伟大号召,全国掀起学科学、用科学的高潮。"百花齐放、百家争鸣"方针的提出和《1956—1967年科学技术发展远景规划纲要》《1963—1972年科学技术规划纲要》的制定,推动了我国科技事业的发展,培养了科技人才队伍,我国科技事业迈开了独立前进的步伐。1956年8月下旬,《1956—1967年科学技术发展远景规划纲要(修正草案)》和四个附件编制完成。该规划从经济建设、国防安全、基础科学等13个方面凝练出57项重要科学技术任务、616个中心问题、12项具有关键意义的重大任务以及4项予以优先发展的紧急措施。这个国家层面发展科技的长期规划,描绘了我国科学事业的发展轮廓,并做出了初步的安排。1962年底,随着国家建设的需要和国际上科学技术的新发展,许多新的研究课题出现,在现代工业技术和尖端技术方面表现尤为明显。1963年6月,《1963—1972年科学技术规划纲要》正式定稿,其总方针是"自力更生,迎头赶上",重点是解决农业技术改革中的科学技术问题,把工业发展到20世纪60年代的世界水平上。

为了更好地协调科学规划的制定,从1956年开始,我国先后成立了国家科学技术委员会、中国人民解放军国防科学技术委员会(简称"国防科委")。各地方的科学技术委员会也相继成立,作为地方政府管理本地区科学技术工作的综合职能部门。科技情报方面,"一五"计划的顺利完成使得及时了解跟踪和掌握国内外科技领域的前沿成果成为当务之急。1956 年 10 月,中国科学院科学情报研究所正式成立。截至 1958 年 11 月,国务院各部门中已有 17 个部门及其系统建立了 50 个专业情报机构,15 个省(自治区、直辖市)建立了地方综合性科技情报机构。至此,中国的科技情报工作系统已经初步建立。科技奖励方面,早在 1950 年 8 月,政务院就发布了相关条例,开始形成中国在自然科学方面的奖励制度。1951—1957 年,6 项成果被授予发明权,4 项成果被授予专利权。1956 年初,中国科学院国家自然科学奖首次颁发,这是新中国成立后,第一次颁发面向全国的科学奖金。

1961 年 6 月,国家科学技术委员会党组和中国科学院党组针对之前反右斗争扩大化以及"大跃进"对科研工作造成的不良影响,起草了《科研工作十四条》。1962 年,周恩来在广州全国科技工作会议上做了《论知识分子问题》的报告,推动为知识分子"脱帽加冕"。通过贯彻《关于自然科学研究机构当前工作的十四条意见》和广州会议精神,极大地调动了科技人员的积极性和责任感。

第三阶段,科学来到了新的春天。"文化大革命"后,党中央把工作重点转到经济建设上来。党的十一届三中全会做出了把战略重点转移到社会主义现代化建设上来的战略决策,提出改革开放和重视科学、教育的方针。在 1978 年 3 月召开的全国科学大会上,邓小平强调了"四个现代化,关键是科学技术的现代化",并形成"科学技术是生产力"的重要论断,为我国科技工作发展指明了方向。

1977年9月,党中央做出《关于成立国家科学技术委员会的决定》,重新组建国家科学技术委员会。恢复后的国家科学技术委员会立即投入到科技战线的拨乱反正及全国科技工作的统一规划、协调和组织方面。1977年底,国家科学技术委员会召开全国科学技术规划会议,组织制定《1978—1985年全国科学技术发展规划纲要》(简称《八年规划纲要》)。1979年,中国科学院正式恢复学部活动。中国科学技术协会也恢复了学术活动,各省(自治区、直辖市)科学技术协会和所属学会也相继恢复。1979年,全国共有省、地(市)两级所属的独立科研机构3 495所、专业科研人员124 476名,地方科研院所体系初步恢复发展,成为一支不可或缺的重要科技力量。1977—1984年,国家科学技术委员会制定了科技组织、人员管理、成果奖励等多方面的政策法规。特别是国家科学技术进步奖的正式启动和标志着我国现代专利制度正式建立的《中华人民共和国专利法》的通过等,都对当时及后来的科技工作产生了积极的影响,使我国的科技事业在较短时间内得到迅速恢复与发展。1982年12月,中共中央、国务院发出通知,决定成立国务院科技领导小组,从宏观和战略方面统筹和协调全国科技工作。与此同时,国家科学技术委员会在以国家机关改革的前提下,进行了机构改革,加快了科技与经济结合的步伐。

在全国科学大会之后,科技领域立即开始落实知识分子政策:一方面为科学家平反昭雪、恢复名誉;另一方面安排大批被遣散到农村和工厂的科技人员迅速归队并且恢复专业技术职称的评定工作,加强了已有的科技队伍建设。为了改善科技队伍青黄不接的状况,进一步培养科技后备力量,邓小平审时度势,就恢复高考做了系列指示。1978年起,高等院校招生步入正轨,从而带动了整个教育工作的整顿和改革,研究生教育和学位工作也开始启动,新时期的海外留学政策也制定出来。1978年底,第一批52名留学人员抵达美国。邓小平在全国科学大会上提出要积极开展国际学术交流活动,加强同世界各国科学界的友好往来和合作关系。在接下来的一年里,我国先后与法国、德国、意大利、英国、美国等签订了政府间的科技合作协定。自此,我国国际科技合作开启了新的征程。

第四阶段,我们开启科技体制改革的序幕。20世纪80年代初,面对科技发展中"只重视高精尖科学技术,不重视量大面广的生产技术,好高骛远,盲目赶超"的倾向,我国提出了"经济建设必须依靠科学技术,科学技术工作必须面向经济建设"的战略指导方针。一系列重大举措,揭开了全面科技体制改革的序幕。1985年3月,《中共中央关于科技体制改革的决定》正式公布,标志着科技体制改革进入全面展开阶段。通过改革科研管理模式和组织结构、改革科研人员管理制度,推动科技与经济的结合。

具体而言有四项举措。其一,改革科技拨款制度。从资金供应上改变科研机构对行政部门的依附关系,使其主动为经济建设服务,加速科技成果商品化。其二,开拓技术市场。通过实施《中华人民共和国技术合同法》《中华人民共和国专利法》,确立了技术成果的商品地位,建立了按价值规律、以合同形式有偿转让的市场调节机制。其三,调整军工科研、生产能力。把多余的军品科研、生产能力腾出来开发民品,大体上保留了原有生产能力的三分之一,余下的能力用来支援国民建设。其四,兴起了由科技人员领衔创办民营科技企业和民办科研机构的热潮。这种以科技为依托、自愿组合、自筹资金、自主经营、自负盈亏的科研机构,给我国科技事业的发展注入了新的活力。

改革开放以来,在科技体制改革的有力推动下,我国实施了一系列推动科技与经济发展的国家指令性科技计划。形成了面向经济建设主战场、发展高新技术及其产业和加强基础性研究三个层次的纵深部署,构筑了我国新时期科技发展的战略框架。因为1977年制定的《八年规划纲要》存在要求过高、规模过大的倾向,所以国家将其中的108个重点项目调整为38个,又从中选出7个"重中之重"项目,编制成《"六五"国家科技攻关计划》。这是我国第一个被纳入国民经济和社会发展规划的国家指令性科技计划,其出台具有里程碑式的意义。

第五阶段,提出并实施科教兴国战略和可持续发展战略。进入20世纪90年代,世界科技革命出现新的高潮,科学技术日益成为决定国家综合国力和国际地位的重要因素。党中央根据世界科技的发展潮流和我国现代化建设的需要,及时提出了科教兴国、可持续发展等多项战略,对中国特色社会主义事业的跨世纪发展起到了强有力的推动作用。1994年,国务院常务会议审议通过了《中国21世纪议程》,集中表述了当代中国的可持续发展战略,力求探索一条具有中国特色的可持续发展道路。1995年5月6日,中共中央、国务院做出《关于加速科学技术进步的决定》,正式提出科教兴国战略,全面落实科学技术是第一生产力的思想,把经济建设转移到依靠科技进步和提高劳动者素质的轨道上来。1995年5月26日,全国科学技术大会在北京隆重召开,引起了海内外的热烈反响,全国范围内迅速掀起科教兴国的热潮。根据以上战略要求,《全国科技发展"九五"计划和2010年长期规划纲要》随之被编制出来。1996年3月,国家科技领导小组成立,以进一步加强党和国家对科技工作的宏观指导和统一管理。全国大部分地区、部门也成立了科技领导小组,科技工作被摆到了经济建设和社会发展的重要位置。1999年8月20日,中共中央、国务院印发《中共中央国务院关于加强技术创新,发展高科技,实现产业化的决定》,明确提出技术创新、发展高科技、实现产业化、深化体制改革、促进技术创新和高新科技成果商品化、产业化等是我国在新的历史时期科技发展的主要任务。2001年5月,《国民经济和社会发展第十个五年计划科技教育发展专项规划(科技发展规划)》正式发布,提出"创新、产业化"方针,在"促进产业技术升级"和"提高科技持续创新能力"两个层面进行战略部署,力争在主要领域跟踪世界先进水平、缩小差距,在有相对优势的部分领域达到世界先进水平,在局部可跨越领域实现突破。

为了加速产业化,科学技术部(简称"科技部")决定在"十五"期间组织实施12个重大科技专项,探索在市场经济条件下发挥社会主义制度集中力量办大事的优势,攻克一批制约我国国民经济和社会可持续发展的关键瓶颈技术问题,以促进国民经济的战略性调整。在科技计划管理体系的构建上,形成了由三个主体科技计划[国家科技攻关计划、国家高技术研究发展计划(简称"863计划")、国家重点基础研究发展计划(简称"973计划")]和两大类科研环境建设计划(研究开发条件建设计划、科技产业化环境建设计划)组成的国家科技计划管理体系,使得国家科技计划的组织实施成为一个将项目、人才、基地能力建设与体制环境建设紧密结合的政策系统。此外,为了主动应对加入世界贸易组织后来自国内外的人才、专利、技术标准竞争的机遇和挑战,科技部在"十五"期间组织实施人才、专利、技术标准三大战略,形成了一支以中青年科学家为中坚力量的科技人才队伍,更多地掌握了具有知识产权的核心技术,填补了我国在标准战略与政策方面的空白。

第六阶段,持续推进科技体制改革。深化科技体制改革是《关于加速科学技术进步的决定》中重点强调的另一项重要内容。1992 年 8 月,《关于分流人才、调整结构、进一步深化科技体制改革的若干意见》出台,尝试性地提出了"进行分流和调整的基本路子是稳住一头,放开一片"的改革方针。

一方面,稳定支持少部分的基础性研究和基础性技术工作,在开放和竞争的动态过程中,保持一支精干、高水平的科研队伍。另一方面,大量放开放活技术开发型和技术服务型机构,通过实行结构调整、人才分流,让这些机构面向市场。由此可见,人员分流和结构调整被视为体制改革突破的关键。

深化科技体制改革离不开相关法律法规的完善。1993 年 7 月 2 日,《中华人民共和国科学技术进步法》颁布,这一基础性立法是指导新时期科技进步的基本准则,也是科技工作和整个现代化建设的纲领性文件。《中华人民共和国技术合同法》《中华人民共和国促进科技成果转化法》《中华人民共和国农业技术推广法》《中华人民共和国科学技术普及法》等一系列相关法律法规的制定,进一步推进了这一时期中国科技法制的建设。

科研机构的改革是整个科技体制改革的关键所在,也是科技体制改革的主要矛盾。"九五"期间以独立科研机构特别是中央部门所属科研机构的改革为重点,全面启动科技系统的组织结构调整和人才分流:应用开发类科研机构原则上要转为科技型企业,整体或部分进入企业或转为中介服务机构;需要国家支持的公益类科研机构进一步优化结构、分流人才、转变机制;有面向市场能力的公益类科研机构要向企业化转制。

提高科研人员待遇、奖励优秀科技人才同样是深化科技体制改革的一个重要方面。从院士制度的设立到国家杰出青年科学基金、长江学者奖励计划、百人计划等各项人才奖励机制的确立,我国科技人才奖励体系初步形成。1999年,国家科技奖励制度实行了重大改革,设立了国家最高科学技术奖等五大奖项,至此,中国现行的国家科技奖励体系正式确立。

第七阶段,明确指出建设创新型国家。党的十六大提出了增强自主创新能力、建设创新型国家的重大战略思想。党的十七大明确指出,"提高自主创新能力,建设创新型国家"是国家发展战略的核心,是提高综合国力的关键,要走中国特色自主创新道路,把增强自主创新能力贯彻到现代化建设的各个方面。2006年1月,在中共中央、国务院召开的全国科学技术大会上,发布了《国家中长期科学和技术发展规划纲要(2006—2020年)》(简称《规划纲要》),明确提出用15年时间把我国建设成为创新型国家的战略目标,号召全党全国人民坚持走中国特色自主创新道路,为建设创新型国家而努力奋斗。《规划纲要》提出了"自主创新、重点跨越、支撑发展、引领未来"的科技工作指导方针。为切实落实《规划纲要》确定的目标、任务和举措,科技部先后发布了《国家"十一五"科学技术发展规划》《国家"十二五"科学和技术发展规划》,明确了接下来10年科技事业发展的指导方针、发展目标、主要任务和重大措施。

建设创新型国家需要全面推进中国特色国家创新体系建设。《规划纲要》指出,现阶段中国特色国家创新体系要从以下五个方面进行重点建设:以企业为主体、产学研结合的技术创新体系;科学研究与高等教育有机结合的知识创新体系;军民结合、寓军于民的国防科技创新体系;各具特色和优势的区域创新体系;社会化、网络化的科技中介服务体系。人才问题同样是关系党和国家事业发展的关键问题。2002年,中共中央、国务院首次提出实施人才强国战略,对中国人才队伍建设进行了总体谋划。2007年,人才强国战略被写入党章和党的十七大报告,进入全面推进阶段。2010年6月,中共中央、国务院印发了我国第一个中长期人才发展规划,即《国家中长期人才发展规划纲要(2010—2020年)》,强调要以高层次创新型科技人才为重点,建设创新型科技人才队伍。

知识产权战略是我国运用知识产权制度促进经济社会全面发展的重要国家战略。2005年,国务院成立了国家知识产权战略制定工作领导小组,启动了知识产权战略的制定工作。2007年,党的十七大报告明确提出要"实施知识产权战略"。2008年,国务院常务会议审议并通过了《国家知识产权战略纲要》,以促进我国的知识产权保护实践、推动专利技术向生产力转化的进程。

第八阶段,加大科技资源与能力建设。为增强自主创新能力、推动创新型国家建设,我国加大了科技资源投入,全面推动科技创新能力建设。在这一时期,我国科技经费投入持续增长,科技计划体系日益完善,科研基础条件明显改善,基础研究能力大幅提升,国际国内两种人才资源得到充分利用,全民素质不断提高,国际科技合作事业打开新局面。

在科技经费方面,通过修订相关法律、加大财政科技支出、开展促进科技和金融结合试点等举措,确保科技经费的持续增长。科技计划体系则进一步完善、调整并聚焦重点,形成了由国家科技重大专项和各项基本计划("973 计划""863 计划"、国家科技支撑计划、政策引导类计划、国家国际科技合作专项和其他专项)组成的国家科技计划体系。

在改善科技基础条件、提升基础研究能力方面,通过启动"国家科技基础条件平台建设专项",大力推进各类科技基础条件资源开放共享,继而通过"973 计划"、国家自然科学基金、国家重点实验室建设计划、重大科学工程及各类人才计划等多种渠道,逐步加大对基础研究的经费投入,逐步形成多渠道、多元化支持基础研究的格局。

在开展对外科技合作方面,随着《"十一五"国际科技合作实施纲要》《国际科技合作"十二五"专项规划》以及相关办法、措施的出台,我国形成了较为完整的以政府间科技合作框架为主体的多元化合作格局,在基础研究、能源环境、生命科学、空间技术、疾病防治等多个领域都取得了丰硕成果。随着科技能力的不断增强,我国对外科技合作的形式不断创新,合作层次和水平不断提高,国际科技合作事业打开新局面。

第九阶段,以创新驱动发展。党的十八大以来,以习近平同志为核心的党中央高度重视科技创新,对实施创新驱动发展战略做出顶层设计和系统部署。党的十八大明确提出,科技创新是提高社会生产力和综合国力的战略支撑,必须摆在国家发展全局的核心位置,强调要坚持走中国特色自主创新道路、实施创新驱动发展战略。

2016年5月,中共中央、国务院正式发布了《国家创新驱动发展战略纲要》,明确了信息、智能制造、现代农业、现代能源、生态环保等9个重点领域技术发展方向,从科技创新、产业创新、区域创新、组织创新、军民协同创新、大众创新等方面进行系统部署,从而提出了与现代化建设"三步走"目标相呼应的建设世界科技创新强国"三步走"战略。

《国家创新驱动发展战略纲要》实施以来,我国科技体制机制主体架构已经确立,一批具有突破性的重大改革措施相继出台。在科技创新治理上,一方面,通过建立国家科技报告制度、国家创新调查制度等重大基础性制度,促使政府职能从研发管理向创新服务转变,营造良好的创新环境,发挥企业在技术创新中的主体地位;另一方面,通过不断健全产学研用协同创新机制、稳步推进中央与地方协同、大力发展科技金融等措施,形成多主体、多要素的协同创新格局。在科技计划管理体制改革方面,2014年,国务院印发了《关于深化中央财政科技计划(专项、基金等)管理改革的方案》,一方面,将现有的科技计划优化整合形成新五类科技计划,形成"一个制度、三根支柱、一套系统"的国家科技管理平台;另一方面,依托专业机构进行项目管理,建立目标明确和绩效导向的管理制度。

此外,激发以企业为创新主体的政策相继出台。2017年,《"十三五"国家技术创新工程规划》发布,此后,企业技术创新主体地位显著增强,创新能力不断提升。创新型企业在高速铁路、核电、第四代移动通信、特高压输变电、北斗导航、电动汽车、杂交水稻等方面突破了一批重大关键技术。

第十阶段,激发人才创新活力。习近平总书记指出,人才是创新的根基,是创新的核心要素,创新驱动实质上是人才驱动。[①] 党的十八大以来,我国深入实施人才强国和创新驱动发展战略,推进人才发展体制机制改革,加强人才队伍建设,科技人才队伍蓬勃发展,科技人才创新能力和国际影响力明显提升,科技人才引领创新发展的作用愈加凸显。

2016年3月,中共中央印发《关于深化人才发展体制机制改革的意见》,明确提出人才是经济社会发展的第一资源,深入实施人才优先发展战略,解放和增强人才活力,形成具有国际竞争力的人才制度优势。一方面,继续实施国家高层次人才特殊支持计划、创新人才推进计划、长江学者奖励计划、专业技术人才知识更新工程以及边远贫困地区、边疆民族地区和革命老区人才支持计划等一系列国家层面的重要科技人才计划。另一方面,《关于深化人才发展体制机制改革的意见》提出,要推进人才管理体制改革,转变政府人才管理职能,保障和落实用人主体自主权,健全市场化、社会化的人才管理服务体系,加强人才管理法制建设。该意见还提出了改进人才培养支持机制、创新人才评价机制、健全人才顺畅流动机制、强化人才创新创业激励机制、构建具有国际影响力的引才用才机制、建立人才优先发展保障机制等具体改革意见和举措。

---

① 中共中央文献研究室:《习近平关于科技创新论述摘编》,中央文献出版社,2016年,第119页。

此外，这一时期开始实行更加积极、开放、有效的人才引进政策，通过推动外国人才服务体系建设、引才引智平台体系建设、推荐优秀人才到国际组织任职、有序推进国家科技计划向海外人才开放等一系列措施，聚天下英才而用之，以推动技术进步和产业发展、增进中外文明交流互鉴。

我国科技事业的伟大成就

第一，中华人民共和国成立之初的重要科技成就。新中国成立之后，我国科技工作者不畏艰险、知难而上，不断开创、填补和发展各个领域的科技事业，取得了一批重要成果。首先，在基础研究领域，我国科研工作者在数学、天文学、物理学、光学、生物化学等方面都取得了显著的成果，特别是对哥德巴赫猜想的证明、"反西格玛负超子"的发现、人工合成牛胰岛素的成功实现等事例充分说明了新中国成立之初我们在基础科学领域取得的成果。

这一时期应用技术的发展同样令人瞩目。1.2万吨自由锻造水压机、10万千瓦汽轮机等大型成套设备的研制生产是工业科学技术进步最突出的表现。为了支援农业生产，我国在这一时期兴建了多所大中型化肥厂，所需的合成氨技术达到国际较高水平，农药的各项指标都达到了新中国成立以来的最高水平。大庆油田的成功建成改变了我国石油工业落后的面貌。对多种恶性流行病和急性传染病的控制和消灭、"庆大霉素"的研制成功、成功治愈高度烧伤的患者等都说明医疗科技同样取得了突出的成绩。此外，在无线电电子学、自动化、半导体和计算技术这些当时基础十分薄弱的新技术领域，我国集中力量进行发展，同样取得了一系列重要成果。

为了满足国防安全的迫切需要,这一时期国防科技和航天科技的发展取得了重大突破:不仅先后研制成功"两弹一星",而且完成了从反潜鱼雷核潜艇到导弹核潜艇的研制工作。这一系列工作意义之重大,正如邓小平所说:"如果(二十世纪)六十年代以来中国没有原子弹、氢弹,没有发射卫星,中国就不能叫有重要影响的大国,就没有现在这样的国际地位。这些东西反映一个民族的能力,也是一个民族、一个国家兴旺发达的标志。"①

第二,国家科技计划体系初步形成。改革开放之后,针对基础研究及应用研究中的基础性工作,国务院科技领导小组决定成立国家自然科学基金委员会,实行由国家财政拨款、自由申请、同行评议、择优支持、课题管理制的国家自然科学基金制度。这是我国科技体制上的一项重大改革。

面对 20 世纪 80 年代以来的新一轮技术浪潮,1986 年 3 月,邓小平批示要制定我国的国家高技术研究发展计划,以跟踪国际水平、缩小国内外科技水平差距、在具有自身优势的高技术领域创新、解决国民经济亟须解决的重大科技问题。"星火计划"的制定和实施,用科学技术振兴农村经济,是这一时期中国科技面向经济建设主战场的又一个重要方面。"星火计划"和后来重点关注农牧渔业的"丰收计划"一样,都是抓取一批对乡镇企业有示范和推广意义的、科技与经济紧密结合的"短平快"项目,以提高中小企业、乡镇企业和农村建设的科技水平,为地方

---

① 邓小平:《邓小平文选》(第三卷),人民出版社,1993 年,第 279 页。

经济的进一步发展注入新的活力。

随着以微电子技术为主导的各种高新技术蓬勃发展,出现的一批技术、资金密集型的高新技术产业,成为各发达国家进行国际贸易角逐的焦点。我国政府同样十分重视高新技术产业的发展,1988年8月,"火炬计划"正式出台。通过建设特色产业基地,加速特色产业的集聚和发展,对产业结构的调整和优化起到示范带头作用。"火炬计划"有力地推动了高新技术产业开发区的建设,有效地促进了高新技术产业的发展。

在科技成果推广方面,主要是国家重点新技术推广项目和国家重点工业性试验项目的实施。国家重点新技术推广项目旨在推广先进适用、量大面广、投入少、产出多、见效快、经济和社会效益显著的科技成果。国家重点工业性试验项目从"六五"攻关项目中选择一些较为先进、成熟的项目,进行中间试验、重大设备试验或工业性试验。

第三,科技创新能力不断提高。20世纪90年代,在科教兴国战略和可持续发展战略的指导下,经过一系列的探索和实践工作,我国的科技工作发生了历史性变化,科学技术成为新时代支撑中国发展的重要力量。

在基础研究领域,在国家自然科学基金、"973计划"、国家重大科学工程等项目的有力支撑下,人类基因测序、纳米碳管和纳米新材料、寒武纪生命大爆发研究、微机电系统研究等取得了重大成果,表面科学、非线性科学等新兴交叉学科得到了迅速发展,中国大陆科学钻探工程等8项国家重大科学工程的建设,为我国接下来的基础研究创造了良好条件。

在高新技术研究及产业化方面,在深化高新区改革、推动科技成果转化和产学研结合、科技兴贸等政策的大力扶持下,载人航天技术、运载火箭及卫星技术等航天技术取得了重大突破;两系法杂交水稻、基因工程药物等技术的突破,使我国生物技术总体水平接近发达国家;高清电视、"神威"计算机、大尺寸单晶硅材料等重大成就的取得,使我国在相应领域跃入世界先进行列。

在农业科技发展方面,在设立农业科技成果转化资金、建设国家农业科技园区、实施科技特派员制度等一系列政策的支持下,实施国家粮食丰产科技工程,为我国粮食生产恢复性增长提供了技术保障。

在社会民生科技方面,水资源利用和保护、重大灾害形成机制、人用禽流感疫苗研制等项目的完成,标志着我国在这些领域取得重大突破。

第四,自主创新成效显著。党的十六大以来,随着自主创新能力和科技水平的不断提高,我国在各个领域取得了一批成果。基础研究水平提高,前沿技术实现突破,高新技术产业和新兴产业迅速发展,这些进步为推动经济社会的可持续发展发挥了重要作用。

在基础研究领域,数学整体水平不断提高,在数学机械化、微分方程、组合数学等方面取得了重大的原创性成果。物质科学发展势头良好,特别是在量子器件、纳米材料、凝聚态物理等前沿领域取得了一批成果。生物科学同样发展迅速,尤其是在蛋白质研究、克隆技术、神经科学、微生物等方向取得了一批重大成果。此外,地球科学、天文学、信息科学、环境科学等领域在这一时期同样取得了重大原创性成果。

前沿科技同样在多个领域实现了突破。在信息技术领域,

2002 年,"龙芯 1 号"的研制成功实现了我国信息产业"从无到有"的跨越。2009 年,中国首台千万亿次超级计算机"天河一号"研制成功,实现了我国研制超级计算机能力从百万亿次到千万亿次的跨越。新材料技术领域在半导体照明、新型平板显示、高性能纤维及复合材料、超导材料等多个方面取得了研制成果,支撑了我国重点工程、支柱产业、国防重大工程的发展。此外,在生物和医药技术、先进制造与自动化、先进能源技术、现代交通技术等多个领域同样取得了卓越成就。

这一时期农业科技也取得了长足的进步。在已经形成的较完善的国家农业科技计划体系下,通过"星火计划"、农业领域国家工程技术研究中心建设、科技富民强县专项行动等多项举措,不仅促进了科技成果的转化推广,还实现了粮食生产"九连增"等农业领域的科技成就。此外,这一时期的科技发展还惠及资源利用与生态保护、人口与健康、公共安全、防灾减灾、城市化与城市发展等多个民生领域。

第五,创新驱动发展成果丰硕。在创新驱动发展战略的驱动下,各地方各部门齐心协力,科技体制改革全面发力,取得了一系列实质性突破和标志性成果,科技发展进入新的历史阶段,站上新的历史方位。

在基础研究领域,2018 年,《国务院关于全面加强基础科学研究的若干意见》正式出台,从完善基础研究布局、建设高水平研究基地、壮大基础研究人才队伍等 5 个方面做出了系统部署。截至 2019 年,我国已经在干细胞及转化研究、纳米科技研究、量子调控与量子信息研究、蛋白质与生命过程调控研究、大科学装置前沿研究等多个重大科学问题上取得了系列原创性突破。

国家科技重大专项支撑了战略性新兴产业发展。国家重大科技专项聚焦国家战略和经济社会发展重大需求,在电子信息、先进制造、能源等领域进行重点布局,持续攻克"核高基"、集成电路装备、宽带移动通信、数控机床、油气开发、核电等领域关键核心技术,取得了一大批重大标志性成果,充分发挥了科技创新在培育发展战略性新兴产业、促进经济提质增效升级、塑造引领型发展和维护国家安全中的重要作用。

科技促进产业高质量发展。以科技创新驱动产业结构升级和战略性新兴产业创新发展为主线,围绕重点产业领域,聚焦重大核心关键技术,取得了一批创新性成果。在人工智能领域,科技部启动实施了人工智能重大项目,强化人工智能基础理论和关键技术研究。随着移动通信、高性能计算等领域持续发力,以"神威""天河""曙光"等超级计算机为代表,新一代信息技术产业正日益成为我国经济社会的重要支柱。高端装备制造业蓬勃发展,大型民用飞机研制获得可喜成绩、航空动力预先研究成绩显著;北斗三号全球卫星导航系统星座部署全面完成;以CRH380系列高速列车为标志的中国高速铁路核心技术装备与系统研制成功……此外,科技创新同样驱动新能源与新能源汽车、智能制造与机器人、新材料等产业进入发展新阶段。

此外,这一时期还通过农作物种业科技创新、畜禽科技、食品加工与安全控制、农机装备和农业信息化技术创新及林业科技创新这一系列农业技术创新成果,助力乡村振兴。而且,资源环境领域科技创新能力也不断增强,生物医药科技改进民生福祉成效显著,科技创新有力支持生态文明建设和公共服务体系建设。

中国科技发展的基本经验

应当说,中国科技发展取得巨大成就,得益于三大经验,即举国体制、规划科学和科教并举。

经验之一是举国体制。举国体制是指以国家利益为最高目标,动员和调配精神意志和物质资源等全国有关的力量,攻克某一项世界尖端领域或国家级特别重大项目的工作体系和运行机制。在一定意义上,举国体制是中国共产党"集中优势兵力,各个歼灭敌人"思想的延续。实践证明,举国体制对于中国科技事业的发展起到了十分重要的推动作用。世界尖端领域或国家级特别重大项目,一般都是涉及面广、要求高、难度大的系统工程。

举国体制发展科技的经典案例是"两弹一星"的研制。1962年,在原子弹研制的关键期,中央十五人专门委员会(简称中央专委)一次例行会议上布置的任务,就很好地说明了举国体制之特点:"放射化学工厂,需要钢材5万吨,不锈钢材1万吨,由冶金部解决;生产二氧化铀的特种树脂,由天津、上海负责生产;二机部所需的非标准设备82 000台件,由一机部、三机部负责;新技术材料240项,其中冶金部200项,化工部8项,建工部19项,轻工部11项;部队支援问题,公路、铁路、热力管线、输水管线、输电线路等,交给军队,装备器材自带,由贺龙、瑞卿同志负责;电力方面,扩建火力发电站、水电站,由煤炭部、水电部分别解决……"

我们必须深刻认识到,70多年来,中国取得的巨大科技成就,在根本上得益于我们的制度优势。现在很多大家耳熟能详的重大科技成就,都是通过立项重大科技工程的方式取得的。

这些重大科技工程,有的已经取得很大成就,比如"两弹一星"、核潜艇、载人航天、高铁、北斗卫星定位导航系统等;有的我们正在奋力研制,比如大飞机、芯片、航空母舰等。这些重大科技工程关系国家安全,关系国计民生,关系未来发展,是国家实力的重要标志,是中国崛起并参与国际竞争的必要条件。应当说,集中人力物力财力,实施重点突破,是中国科技事业70多年来取得历史性成就的基本经验之一,也是社会主义制度集中力量办大事优势之体现。在新时代条件下,整合制度优势,释放体制活力,将是中国科技再铸辉煌的根本保障。

经验之二是规划科学。近代科学的发展及其应用,给人类带来了福祉,让人类看到了科学的巨大力量。尽管每个具体的科学发现和突破无法预测,但从国家层面增加对科学的投入,有效组织对科学问题的攻关,给予科学家更多的鼓励,往往能够提高科学突破发生的频率。于是,将科学纳入国家战略,实施科学规划,激励科学发展,几乎成为20世纪以来所有有所作为的国家和政府的不二选择。

新中国规划科学的经典案例肇始于《1956—1967年科学技术发展远景规划纲要》的制定。1956年1月14—20日,中共中央在北京召开知识分子问题会议。周恩来代表中共中央在会上做了《关于知识分子问题的报告》,提出"向科学进军"的号召,要求组织力量,制定出《1956—1967年科学技术发展远景规划纲要》。历史实践证明,《1956—1967年科学技术发展远景规划纲要》取得了极大的成功并影响深远,直接奠定了中国科技事业发展的基本模式——领导体制、管理制度、运行机制等。改革开放以来,在党中央的领导下,各级政府积极谋划发展科学,制定规划,对促进我国科技事业的发展起到了巨大的保障和推动作用。

经验之三是科教并举。发展科技离不开大批高素质人才,而人才培养离不开教育。科教并举并重是中国发展道路的重要经验。中华人民共和国成立70多年来,特别是改革开放40多年来,我国教育事业取得了巨大成就,有力地支撑了科技事业的快速发展。正如杨振宁先生于2004年12月21日发表在《光明日报》上的《中国文化与近代科学》一文中所谈到的那样,从大学对国家建设的贡献这个角度来看,几十年来中国的大学培养了几代毕业生,他们对国家的贡献是无法估价的。没有几十年来中国大学毕业生的贡献,今天的中国不可能是目前所达到的状况。发展中国家与发达国家社会需要有所不同,中国最急需的就是大多数学生能够达到较高水平而成才,为社会做出贡献。由此,他认为中美两国教育各有优劣,不能一概否定中国而盲目迷信美国。

应当说,杨振宁的观点并非主观臆断,亦非溢美之词,所论比较持中。其实,在知名学者中,持类似观点的不止杨振宁一人。比如,曾长期担任清华大学经济管理学院院长的钱颖一教授也发表了类似观点。2014年12月14日,在中国教育三十人论坛首届(2015)年会上,钱颖一发表了著名演讲《对中国教育问题的三个观察:"均值"与"方差"》。在谈到中国教育的成绩时,钱颖一说,中国过去35年经济高速增长,如果教育完全失败,这是不可能的。不过,肯定成绩是容易的,但是肯定到点子上并不容易。他的一个观察是,中国教育在大规模的基础知识和技能传授上很有效,使得中国学生在这方面的平均水平比较高。用统计学的语言,叫作"均值"(mean)较高,意思是"平均水平"较高,这是指在包括小学、中学和大学的同一年龄段、同一学习阶段中横向比较而言。这是中国教育的重要优势,是其他发展中国家甚至一些发达国家都望尘莫及的。

那么,如何看待中国科技和教育在快速发展中面临的问题呢?杨振宁先生的另一段话非常有启发意义,他说:"中国要想在三五十年内创造一个西方人四五百年才创造出来的社会,时间要缩短90%,是不可能不出现问题的。所以客观来说,中国现在的成就已经很了不起了。"

(根据黄庆桥 2022 年 11 月 18 日授课内容整理)

【教学答疑】

青年教师:黄教授您好,您的分析让我们对我国科技发展的历史有了非常清晰的了解。我想向您请教,当前在百年未有之大变局与中美大国博弈的时代背景下,我们在授课上应该注意哪些具体问题?

黄庆桥:G20 峰会刚刚结束,又召开了亚太经合会议,习近平总书记和拜登也见面了。但是我个人认为,中美之间的对话与合作,可能是暂时的,而激烈的竞争是长期的。有的人认为,近年来以美国为首的西方大国压制、遏制中国的崛起,是因为我们中国人"太冲了",这实际上是一个误解,其实本质是国家利益所决定的。在百年未有之大变局下,美国人也提出"修昔底德陷阱"。因此,我们要认清楚世界发展底层逻辑的变化,讲清楚安全逻辑和价值观逻辑的重要性在上升。我们讲中国特色社会主义道路与中国式现代化,不能只突出自己的"异"。习近平总书记对于中国式现代化的论述既讲了其具有各国现代化的特征,又讲了有基于自身国情的中国特色,首先强调的也是共同特征。我们在讲课的时候,要注重对学生价值观的培养,多讲中国梦和世界梦是息息相通的,多讲互利共赢,多讲求同存异。另外,作为形势与政策课的教师,我们在引导学生学习中国伟大成就的同时,还要引导他们正确认识差距和不足。正视差距不是自我矮化,不是悲观失望,更不是自暴自弃,而是实事求是、自我警醒、奋发图强。不要害怕讲我们负面的东西和我们的不足,而是要从分析差距的角度来讲,这样才能够使我们更好地提升。

【拓展阅读】

黄庆桥在讲座中把握我国科技发展的历史脉络,结合每一时期的历史背景,深入剖析我国科技发展的状况,为我们呈现出中国科技从弱到强的发展图景。在回顾历史脉络的同时,他还指出在不同的历史条件下我国科技欣欣向荣的伟大成就,使我们感受到中国科技发展的勃勃生机。

大飞机研发和生产制造能力是一个国家航空水平的重要标志,也是一个国家整体实力的重要标志。在《永不放弃:研制运十大飞机的历史经验与当代启示》一文中,黄庆桥还以历史发展和时代背景为切入点,回顾了运十(运－10)大飞机的研制历程,分析开展重大科技工程的历史经验:

运十的诞生是时代产物,运十被搁置同样有着深刻的时代背景。作为中国当代历史上著名的重大科技工程,运十至今依然具有重要的现实启发意义。

第一,重大科技工程一定要由国家主导,由国家决策并成立专门机构来施行。国家重大科技工程不同于企业、高校、科研院所的项目研究,是一个集科学层面的理论问题、技术层面的开发问题、工程层面的产品问题于一体的链条,需要多部门协同攻关重要大型设备、核心技术、关键部件、关键工艺等,由此取得的突破性成果往往能对一个国家的经济发展、国家安全、生态环境等方面产生举足轻重的深远影响……

第二,复杂技术产品的研制必须立足于自立自强。复杂技术产品的自主研制从来就不是能够一蹴而就的事情,核心技术能力的培育需要稳定的内外部环境,离不开成熟的拥有自主产权的技术创新平台。建设技术创新平台不仅能够保持和发展现有复杂技术产品的自主研制能力,而且由于同类产品的技术关联性,也有利于新的产品开发平台的建立。当年运十的下马丢掉的不是一个产品,而是技术能力赖以发展的开发平台。开发团队的逐步解体,最终导致中国在大型客机研发方面核心技术能力发展上的中断和逐渐消失。所以,面对重大科技工程的高度前沿性和复杂性,必须坚持在技术自立自强的基础上注重技术学习,进而自主设计和自主开发,建设具有综合性、前瞻性、面向关键核心技术与未来产业发展的国家创新平台。

第三,要看到重大科技工程的长期性、复杂性、艰巨性,不能因噎废食,一定要有战略耐心,坚持到底,不能虎头蛇尾,要有适当超前的思想。运十从1970年上马到1985年项目被搁置,国家领导、政治路线、方针政策等都经历了剧烈变化,运十的研制缺乏一个持续稳定良好的政策环境。

重大科技工程作为一种立足于国家重大战略需求的涉及众多学科、领域、行业的高度复杂的大型系统工程,投资规模大、研制周期长、面临风险高。一旦国家战略目标清晰确定,就应该由中央成立专门机构,集中各方面力量配合科研攻关,自上而下地为工程建设提供长期的、连续的、有效的系统支持,避免出现反复和徘徊……

第四,重大科技工程从来不是一件万事俱备、只欠东风的事情,特别是对于后发国家而言。就中国大型客机曲折的研制历程来说,一些人会将其归结为中国没有研制大飞机所需要的技术基础,并没有"万事俱备"。我们并不否定基础技术的重要性,但是,纵观世界重大科技工程发展史,从来就不存在"万事俱备"的重大科技工程,反而适度超前是共性特征。适度超前进行战略规划和实施,正是符合重大科技工程建设规律的。运十大飞机副总设计师程不时对此总结道,越是大型复杂的工程,越要求"从顶层设计分解到各局部"的性质,即从总体功能的要求出发,规划各局部在总体安排下应做出的贡献。这种过程在工程术语中称为"从上到下"的过程,而不是各局部各行其是从底层堆砌的"从下到上"的过程。换言之,当年正是在自力更生、自主设计的驱动下,中国与大型客机研制相关的工艺研究、材料制备等技术基础才取得了一定的成果。所以,必须由国家层面对这些涉及国家利益的战略性重大科技工程进行重点扶持,正视自身的后发劣势,否则我们将永远受制于人。①

---

① 黄庆桥、顾天丽:《永不放弃:研制运十大飞机的历史经验与当代启示》,《中国科技论坛》,2022年第8期,第58—67页。

彭　勃

国家安全的总体性能力：
现实逻辑与分析框架

【专家简介】

彭勃，上海交通大学国际与公共事务学院长聘教授、博士生导师，上海交通大学国家安全研究院执行院长，公共政策与治理创新研究中心主任，中国城市治理研究院兼职研究员，国家民政部"全国基层政权建设和社区治理专家委员会"委员、国家民政部"全国城乡社区建设专家委员会"委员、上海市改革与发展战略研究会理事，美国哥伦比亚大学东亚研究所富布赖特访问学者、英国牛津大学圣安东尼学院"太古"高级访问学者等；入选 2010 年教育部"新世纪优秀人才"计划，2011 年上海市"浦江人才"计划；主要研究城市治理与基层政治、社会治理与公共政策；主持多项国家社科基金项目、省部级课题。目前，彭勃教授团队依托国家社科重点项目"总体国家安全观下特大城市治理创新研究"等课题，在超大城市治理、城市基层政治、数字化治理等领域取得了一系列研究成果。

【内容提要】

国家安全的总体性能力不仅仅是各项具体能力的简单叠

加,更是一种跨系统的领导能力。彭勃以理论与实践的交融,对此进行了多维度、深入细致的讲解。他深入剖析了国家安全的时代内涵,强调在中国共产党波澜壮阔的革命、建设与改革历程中,国家安全的理念随着时代发展而不断革新;特别是在当前的新时代背景下,统筹发展与安全的重要性愈发凸显。此外,彭勃对总体国家安全观进行了详尽阐释,精准界定了与国家安全密切相关的核心概念,并深刻反思了现实安全问题。他结合党的二十大报告中的论述指出,新时代国家发展对高水平安全保障的重大需求,不仅是对国家安全工作的高要求,还是对全民提升安全意识的急切呼唤。

【专题解读】

应对风险及其引起的动荡问题,一直是国家治理的重要议题。不同时代的风险问题往往具有特定的时空依赖性和文化嵌入性。随着人类社会逐步从工业社会迈向后工业社会,国家安全面临的风险和威胁也逐渐呈现跨界特征。安全风险的跨界性意味着安全问题不再局限于国家行为体之间的军事安全和政治安全,而是超越了以主权安全与政权安全为核心的传统安全,实现了安全问题的内容扩展。例如,新冠疫情作为一种典型的非传统安全问题,不仅直接影响个人的生命安全,而且也引发了一些次生灾害(如医疗挤兑、经济衰退、社会秩序冲击等),对国家的经济安全和社会稳定都产生了较大的影响。由此可见,安全问题具有广泛性、涌现性、演化性和整体性的特征。这意味着国家安全是横跨常态治理与非常态治理的融合型治理议题,要求国家治理具有复杂自适应能力,在常态与非常态之间进行灵活调适,以总体性能力实现安全问题的整体性治理;要求国家治理重新审视国家能力,以增强治理韧性和政治统治的稳健性。一个更为直观的证据是:那些传统上被认为具有较强国家能力的西式民主国家在应对新冠疫情时却频频陷入"否决体制"的泥淖之中,遭遇了不同程度的治理失败,甚至威胁到国家的政治统治和社会秩序。更为迫切的是,随着全球社会步入风险时代,建立在常态治理情境基础上的国家能力理论,已经难以有效解释安全治理的多重能力困境。从这个意义上讲,锚定动荡时代公共问题的动态复杂性,重构国家能力理论,是推进国家治理体系和治理能力现代化的理论基础。

国家能力:理论演变及其局限

自"找回国家学派"将国家自主性、国家建构和发展型国家等分析性概念应用在社会科学研究中,国家能力愈来愈成为理解各国治理效能差异的重要理论维度。就国家能力理论的发展演变而言,可以追溯到查尔斯·蒂利(Charles Tilly)关于欧洲民族国家建构的分析。蒂利认为,出于对领土空间的保护和军事安全的需要,国家逐渐建立起了一套严密的科层体系和税收制度,从而在汲取资源和社会动员的过程中实现民族国家建构。可见,在传统国家向现代民族国家转型的过程中,国家安全主要体现为国家间竞争引起的军事安全和主权危机,因此国家能力集中体现在以保障和服务于国家强制力量的资源汲取能力和军事动员能力两个方面。

国家能力理论真正进入政治与行政学研究视野,始于西达·斯考切波(Theda Skocpol)的"找回国家"理论运动。斯考切波认为，国家安全的潜在威胁不仅表现在国家间的生存竞争，而且包括国内抗争政治引起的社会安全和政治安全问题。她在比较分析各国社会革命时指出，国家在面对来自国内社会的反对力量时，必须具备实现自身意志和目标的自主能力。在此基础上，围绕国家内部安全与外部安全的差异性特征，迈克尔·曼（Michael Mann）对国家能力进行了专断性权力和基础性权力的二维划分，认为国家对内不仅需要有效地垄断暴力，以国家强制力量实现秩序建构与维护，也需要增强对社会的渗透能力，以符号、仪式、话语等政治沟通载体促进国家认同与合法性建构。同样，乔·米格代尔（Joel Migdal）认为，与外部安全的显性和急剧性特征相比，国家内部的社会安全问题往往具有隐性和累积性的特征，因此国家不仅需要具有渗透社会的能力，还必须具备调节社会关系和资源权威性分配的能力。可见，与早期国家能力理论聚焦于解释外部生存竞争情境下国家以军事手段维护主权安全的能力不同，这一时期的国家能力理论开始转向发展政治学的研究路径，探讨国家现代化、经济发展和社会稳定等发展型议题。

随着国家形态变迁与社会公共事务复杂化，国家治理的对象和内容也日益多样化。二战后，全球进入以低频率军事冲突和低烈度军事对抗为主要特征的"和平与发展"时代，国家安全议题逐渐聚焦于国内经济社会发展和治理绩效差异引起的政权安全问题。与之相适应的是，国家能力概念逐渐被拓展为国家治理能力，由类型或层次维度的抽象化区分走向指标或具体样态的操作化区分，例如行政能力、政策能力、信息能力和认证能力等。尽管这种概念变化极大地丰富了国家能力的内涵，实现了理论边界的拓展，但是这种将国家能力简化为国家履行某个具体职能的能力或国家治理某个领域的绩效表现,会导致国家能力概念的碎片化和随意性,反而降低了理论解释力和概念效度,使其陷入"理论荒野"之中。可见,这一阶段国家能力理论的发展主要体现在国家能力概念的拓展及其操作化层面,为国家能力的测量、评估与差异呈现奠定了分析基础。

通过追溯国家能力理论的发展演变,不难发现,国家面临的安全问题已从生存型安全转向发展型安全,使得国家能力从最初马克斯·韦伯(Max Weber)所说的垄断暴力的能力拓展为多层次、多维度、可操作化的"伞状概念"。这表明,国家能力理论的发展是随着国家治理实践所面临的情境变化而不断被重塑与整合的。换言之,国家的各种能力是在应对治理情境变化的过程中不断涌现和发展起来的,因而不同情境下对国家能力的具体要求也具有时空差异性。虽然这种基于政策领域的差异和作用对象的差别而进行的国家能力分类,丰富了国家能力的概念内涵,但是这种具象化的国家能力概念不仅降低了理论的抽象化程度和解释力,而且无法有效解释风险社会情境下国家治理遭遇的复杂性和跨界性困境。事实上,随着现代社会公共问题的复杂化和国家治理边界的模糊化,现代国家的行政生态更具开放性和网络化的特征,对国家的合作治理或整体性治理能力提出了更高要求。因此,有必要根据国家治理情境的变化,重新思考国家能力理论,以期回应国家安全治理实践面临的新挑战。

风险复合化与治理碎片化:
国家安全治理面临的挑战

安全是一个随着时代变迁而不断发展的概念。一般而言,安全既是一种主观上免于恐惧的感受，又是客观上不受到威胁的状态。由于主观感受往往建立在对客观状态感知的基础上，因而行为主体的安全感并非安全的特有属性，"没有危险"的状态才是安全的固有属性。危险不仅存在于外在的侵扰和冲击之中，还可能潜藏于内在的"失序"和混乱之中。这意味着，安全作为不受威胁的客观状态，既包括对外部侵扰的消解，也包含对内部秩序的维护。可见，国家安全治理的内容不仅涉及国际政治与国防军事领域，还涉及国内社会建设、经济发展和生态环境等多个领域；既有以国家安全为核心的高阶政治，也有以社会和个人安全为核心的低阶政治。这种国家安全内涵的极大扩展意味着国家的安全管理职能也需要从国家行为体的单一管控模式转向国家主导、多方参与的总体性治理模式。随着社会转型与改革发展进入深水区，我国社会仍面临多重风险共生与治理结构碎片化并存的国家安全困境。

第一，风险复合化与安全问题的整体效应。随着人类社会逐步进入后工业时代，社会结构也逐步由科层式结构转向网络化结构。在网络化社会中，社会个体之间可以实现"全向连接"，形成"六度空间"效应。因此，风险要素的快速流动与分布式组合使得国家面临的安全威胁具有不确定性、复杂性、跨界性和系统性等特征。这表明安全风险的复合化极大地提高了国家安全问题的耦合性与关联性水平。若国家行为体在应对某种安全风险时处置不当，就极有可能产生风险演化现象，引发新的安全风险，并导致国家安全危机。同样，若一国或一地应对安全风险的努力遭遇失败，也极有可能导致风险外溢，使得地域性安全危机演变为全国性乃至全球性危机。可见，风险社会的来临意味着国家安全问题不仅广泛存在于各个领域、不同地域空间和不同时间阶段，而且是相互关联并具有整体效应的。具体而言，风险的复合化及其级联效应给国家安全带来的挑战主要体现在安全问题的弥散性、全局性、非线性和跨域性四个方面。

其一，安全问题的弥散性。从传统安全向非传统安全的扩展体现了安全问题的"国家中心主义"向"人本主义"的逻辑转向。这意味着安全威胁的主体不再局限于国家行为体，而是包含国家行为体、次国家行为体、市场主体、社会主体和公民个体的多元化安全威胁主体。因此，安全问题是散布于国家领土空间、跨越群己边界的公共议题。这种弥散性既体现为现代风险威胁对象的广泛性，又体现为现代风险威胁程度的平等性。一方面，现代风险不同于传统安全威胁对社会个体影响的间接性，非传统安全的威胁对象直接由国家行为体延伸到公民个体，威胁范围由国家政治与军事领域扩展到个人生活领域。传统安全中的前线与后方，直接冲击与间接影响的差异化区分逐渐为非传统安全的威胁均等化趋势所替代。另一方面，现代风险在扩散过程中始终呈现一种"飞去来器"效应，施害者最终也将变为受害者，它始终以全覆盖、均衡的方式，平等地影响着每一个个体。因此，在国家安全治理过程中，非国家行为体不再只是国家安全行动的客体，而是国家应对安全威胁的伙伴，具有自觉性和自主性。

其二，安全问题的全局性。随着全球社会进入后冷战时代，国家面临的主要安全困境也由"军备性"安全困境转向"资源性"安全困境。其主要表现形式为资源竞争、利益冲突和发展竞赛等，旨在使行为体免于受到生存性威胁，实现行为体之间的优态共存。安全是涉及行为体生存空间、生活条件和发展机遇等生存权利的基础性问题。一方面,安全问题领域具有"综合化"特征,不同类型的安全问题之间存在演化、交叠和非线性因果联系,使其呈现出"牵一发而动全身"的全局性特征;另一方面,全球风险社会背景下的安全问题是一种具有广泛性、复合性和多维性的"场域安全"。因此,在安全问题的解决与应对过程中往往需要统筹考虑多重"时空联系",以整体性思维避免多米诺骨牌效应。除此之外,安全问题是贯穿高阶政治领域和低阶政治领域、联系国家政治统治与人民日常生活的融合型治理议题,关乎国家合法性与治理有效性,因而安全发展与社会稳定在政治晋升考核中往往具有"一票否决"的作用。

其三,安全问题的非线性。全球风险社会的来临,意味着后工业时代的社会是一个相互联系的复杂巨系统。在这个系统中,诸多要素的快速流动和频繁交互强化了网络化社会的涌现性,表现为新兴风险的爆发、传统风险的形态更迭、风险传导的时空压缩和风险演化的叠加效应等。可见,风险社会是一个具有高度不确定性和超强复杂性的社会形态。在这种社会形态的影响下,安全威胁的演化也是复杂多变、难以预测的。一方面,安全威胁的演化进程具有高度不确定性。与工业时代的稳定性社会结构相比,后工业时代的网络社会具有松散耦合特征,是一个复杂的混沌系统。这意味着人们对于涌现其中的安全威胁的基本特征、演化过程和轨迹,缺乏确切的知识,致使我们难以根据以往的经验或运用既定的方案来全面把握安全威胁的演化。另一方面,安全威胁演化的非线性还体现为短期内演化进程的震荡性。在应对安全威胁的过程中,我们不仅需要兼顾常态与非常态的治理,还需要把握风险社会的第三种形态——转换态,以动态的、系统的视角将基于规则导向的常态治理与基于问题导向的应急管理结合起来,实现安全治理的动态协同。

其四,安全问题的跨域性。当代风险是全球性的、无边界的,既突破了地域界限,也跨越了政治边界,这种跨域性主要体现在物理空间、政治空间和社会空间三个维度,即在地域上跨行政边界,在领域上跨功能边界,在组织上跨层级边界,在主体上跨公私边界。可见,在风险社会中,安全威胁具有"超辖区化"特征,然而,当前的安全治理则强调属地化原则,呈现"治理辖区化"特征。所谓治理辖区化是指现代国家治理是以领土性与边界感的塑造为基础的,通过运用权责的空间化和专业化,建构外部领土边界明确、内部管辖界限明晰的治理单元体系,划定权力行使范围的过程。按照辖区化原则,现代国家治理是一种基于地方主义的封闭系统,这与风险的去本地化、级联效应和开放性特征相背离,因此,安全治理亟须重视安全威胁的地区外部性,正视安全治理行动的高度依赖性和安全问题的整体性。

第二,治理碎片化——安全治理的结构性困境。风险社会理论研究者从风险的本质属性出发,揭示了风险的"超辖区化"与国家治理的"辖区化"原则这一对国家安全治理的内在矛盾,强调以跨界治理共同应对风险复合化和安全威胁无差别化的问题。然而,现实的情境却是:适应于传统安全的组织结构、制度设计、技术工具和专家系统,不仅难以有效应对风险复合化引起的安全危机,而且成为复杂性和不确定性的来源,形成安全治理的制度化矛盾。这主要体现为国家治理的复合碎片化困境。

其一,认知的碎片化。风险的复合化往往意味着风险的时空压缩与交互叠加。这就要求国家安全治理主体应当达成应对风险的安全共识，以广泛有序的参与和积极有为的建设性集体行动，共同化解安全威胁。然而，任何制度性或体制性的封闭型组织运作都不是应有的选择，在实践中这种基于共识的合作治理并未形成。一方面，对安全问题的认知局限于传统安全、安全生产、交通安全和社会稳定等责任清晰以及考核指标明确和低演化可能性的安全领域，而对高模糊性和高演化可能性的安全问题缺乏必要的关注，会造成国家安全治理的注意力资源不均衡配置；另一方面，在科层组织的专业化和精细化分工原则下，涉及安全问题的规划方案和应急预案呈现碎片化特征，使得跨部门行动存在利益冲突、责任困境和协调难题。

其二，治理权力的碎片化。在风险社会中，国家面临的安全威胁具有跨界特性，呈现跨空间边界、跨领域边界和跨组织边界等特征。然而，在治理辖区化原则的影响下，治理权力受到空间区隔、领域藩篱和组织壁垒的限制，导致国家安全治理遭遇"辖区陷阱"，从而难以形成整体性治理。当前，我国国家安全体制仍然是"垂直管理"和"属地管理"并行的"条块体制"，安全事务的精细化分类和强调分权的属地管理原则相结合，这增加了政府内部的跨层级协调和跨部门协同的协调成本，从而形成了碎片化权威主义。这种碎片化结构在应对跨界危机时，不仅缺乏协同联动的组织动力，而且还可能催生以邻为壑的"邻避效应"。

其三，治理资源的碎片化。全球风险社会的来临，意味着国家安全问题由外部生存威胁为主的传统安全威胁转向以治理系统内生不确定性为主的非传统安全威胁。与传统安全威胁不同，非传统安全威胁往往具有隐蔽性、累积性、突发性和脱域性等特点。它不仅是"客观"存在的,也是"主观"建构的,更是产生于在"主体间"复杂互动过程之中的。这意味着安全治理是一个开放的复杂巨系统,必须超越资源分配的组织和制度逻辑,以统筹的逻辑实现治理资源的整体性配置,但是认知的碎片化和治理权力的碎片化使得安全治理过程中的资源分配始终呈现碎片化状态。一是风险的不确定性、复杂性和演化的非线性增加了治理主体对安全威胁及其治理规律的认知和掌握难度,使得治理主体在资源投入的过程中侧重风险预警和应急处置阶段的物质性、技术性资源投入,而忽视安全治理全流程的制度性资源投入,导致治理资源的储备、供给、整合和调配难以有效衔接并形成整体效应。二是在碎片化的权力结构下,安全治理整体呈现"切块管理""分段治理""条线主导"的治理样态,治理主体的资源投入与分配往往遵循部门化的组织逻辑和属地化的空间逻辑,而非风险治理逻辑,因而在资源配置过程中容易出现重复投入、分散投入等问题,使得安全治理陷入内卷化状态。

其四,治理技术的碎片化。随着互联网信息技术的发展,数字技术、人工智能等技术型治理工具逐渐被应用到安全治理的不同领域和场景,提升了安全治理的精细化水平,然而,在技术嵌入组织、实现边际效应最大化的同时,也产生了技术赋能的效率悖论。一方面,在数字化转型的政策背景下,各级政府部门倾向于采取技术创新的方式,将复杂的、系统的社会安全问题转化为可操作的、微观的技术性问题,运用数字技术提升国家"照看"社会的能力,但在此过程中如果忽视了安全治理过程中组织技术的动员和整合功能,就会出现"技术脱嵌治理"的现象,导致产生治理技术的碎片化;另一方面,就技术型治理工具在安全治理中的应用而言，由于不同地方政府或职能部门采用不同企业提供的技术系统，因而衍生出由系统不兼容导致的信息孤岛、平台孤岛和技术孤岛等问题。

整体性治理：国家安全总体性能力的现实逻辑

从风险的复合化特征来看，安全威胁的不可预测性、不确定性、复杂性和地域外部性等属性，对国家经济发展、公共秩序和社会稳定形成了持续的扰乱，是当前公共部门面临的重大挑战。面对这种安全威胁造成的社会和经济失序，公共部门仅仅依靠预先确定的应急预案，运用传统线性思维对安全问题进行拆解，以阶段化的治理过程和碎片化的组织结构予以应对是远远不够的。事实上，随着以风险和安全为代表的"棘手问题"和"复杂问题"频繁涌现，人们越来越多地认为，后工业社会复杂公共问题的治理之道是治理网络而非科层制。因此，公共领导人在解决复杂问题的过程中不仅应注重政府体系内部的纵向协调，也需要积极领导专业团体、组织和部门之间的横向协作，依据治理情境而非官僚规则进行整体性和适应性的治理。这意味着公共部门应着眼于安全问题的整体性，充分把握各要素、各环节之间的内在联系，以总体性方法和能力认识错综复杂、相互依赖的各类安全关系并加以统筹协调。总体性能力是一种强调整合和协同的能力，它是对各类具体性或基础性能力的统筹协调，强调整体对各个部分全面的、决定性的统治地位，遵循系统逻辑而非综合逻辑。这与旨在破解新公共管理运动造成的碎片化治理困境、弥补组织缝隙和治理缝隙的整体性治理理论，具有理论指向的一致性。

佩里·希克斯(Perri Six)认为,整体性治理既是应对风险社会诸多复杂公共问题的现实需要,也是克服科层组织协调困境、实现跨界治理的基本要求。它并非以拆分、合并等线性思维进行目标综合,而是通过统筹协调各类治理目标,从而实现多元目标的相互增强。同时,以治理工具的分布式和模块化运用,以多元治理主体的编排支持治理目标的实现,推动治理过程的整体化。可见,整合与协同是整体性治理的核心逻辑。

第一,基于整合逻辑的组织结构。面对科层制组织功能化引起的结构碎片化和新公共管理运动带来的治理主体分散化问题,整体性治理理论认为,治理网络需要集体的掌舵、规划以及共识的建立,应当强化网络管理者的统合能力,以基于整合逻辑的整体性政府应对复杂多变的跨界风险。帕却克·登力维(Patrick Dunleavy)认为,强调组织整合的整体性治理既非主张行政集权和组织控制,也非反对地方分权和公民参与,而是旨在摆脱多元治理网络中的协同困境,通过确定新的制度结构、组织重组、流程再造和技术工具的嵌入,实现对公共问题的灵活反应。因此,整合的核心是逆部门化和碎片化、大部门式治理、权力集中化和网络简化,旨在构建"事权集中,结构扁平,行动高效"的组织体系,具体可从以下三点展开阐释。一是以组织功能的整合,消解精细化分工和专业化治理原则引发的组织碎片化问题。所谓功能整合是指在打破政府组织体系的部门边界基础上,将分散在不同部门中功能相近的治理权力和治理责任整合起来,推动以治理事务为导向的再部门化。二是以大部门式治理推动组织"内在化",降低政府体系内部的跨部门协调成本。一般而言,这种组织整合多发生于中央政府层面,旨在对跨层级、跨部门和跨地域的公共事务进行整合，以避免属地化和分散化治理产生的治理无效或低效问题。三是通过强化治理共识和利益整合，推动多元主体间的跨领域整合。网络本身是一种协同治理形态，但这种形态本身也隐藏着由"协作惰性"引发的集体行动困境。这意味着共识的塑造与维护、分歧的管控与化解以及利益冲突的消解与解决是整体性治理有效运作的关键。因此，在组织结构和制度设计层面，治理网络应在组织动员过程中构建协商论坛，以增进治理共识。同时，为了避免主体多元化引起的权威碎片化问题，整体性治理主张发挥公共领导权威或网络管理组织的"元治理"功能，以实现适度的集权和网络简化，避免多头指挥和有组织的无序。希克斯认为，这种基于整合逻辑的组织结构设计可以通过战略联盟、联盟和合并等三种机制来实现。其中，战略联盟是基于临时性或长期性项目而形成的松散耦合型整合；联盟是通过组织吸纳方式形成卫星组合，将外部组织内在化的过程；合并是不同组织进行功能整合，建立起新的统一性组织结构的过程。因此，从国家安全的总体性要求与整体性治理理论的基本原则来看，建构国家安全的总体性能力，应当着眼于组织结构的一体化，从顶层设计和制度体系建设的高度，为国家安全问题的应对与解决提供整合与协同的制度基础。

第二，基于协同逻辑的行动过程。在基于效率的管理主义价值观影响下，传统的安全治理模式将国家安全问题视为特定职能部门的功能性事务，将发生于特定空间场域的安全事故、群体性冲突等社会安全问题视为属地责任，期望以科层组织的非人格化运作，提高行动效率。这种适用于工业社会治理情境的功能化治理模式，既忽略了风险的复合化和跨界特征，也忽视了组织并非一个封闭的理性系统，而是一个开放的自然系统。因此，组织是多元行动者相互联系、相互依赖的开放体系，既建构环境，也受到环境的影响。这意味着开放的系统观与当前的安全治理困境不仅需要一个基于整合逻辑的组织结构，还需要一个基于协同逻辑的行动过程。希克斯认为，与制度和结构层面的整合不同，协同是一种整体性协调，它涉及公共决策、治理行动和结果评估等多个方面，是贯穿多元主体共治过程的协调方式。这种协同联动主要体现在整体性考虑、全过程对话和灵活性分工三个维度。整体性考虑是指权威主体在公共决策过程中应系统把握复杂公共问题的不确定性、跨界性和复杂性，对其演化过程及后果进行研判，以科学决策促进政策协同。同时，权威主体也应考虑到战略规划和行动策略对非权威主体的影响以及非权威主体行动方案对自身的影响。全过程对话是指多元主体在协同联动过程中应保持对话沟通的制度化，以实现信息传递与交换，从而减少信息不对称引起的博弈困境。灵活性分工是指整体性治理模式下的人员分工具有灵活调适的特征，能够根据任务属性与人员特征进行匹配，并根据任务进程及其变化进行人员重组，与刚性科层结构下的岗位责任制不同。同时，这种灵活性还体现为资源、信息和责任的跨层级、跨部门调整，使得治理过程更具弹性。因此，从整体性治理的协同逻辑与国家安全的内容广泛性和关系复杂性来看，国家安全的总体性能力不仅需要建构有利于多元整合的制度，而且需要重新发现"行动中的组织"，看到多元主体协同联动的行动过程。

第三，基于整合的协同逻辑——总体性能力的运作基础。尽管整体性治理为应对风险复合化、部门主义和治理辖区化困境提供了有益的理论指导，但是作为对西方新公共管理运动的反思性成果、对西方社会公共治理实践的经验提炼，则必然与西方国家的治理情境相适应。从结构主义的角度来看，适用于工业社会的科层组织结构已难以回应后工业社会的治理复杂性，因而网络结构成为后工业社会整体性治理得以实现的组织基础。这里隐含的一个基本前提假设是：社会中已经存在具有组织独立性和行动自主性的众多治理主体，而且多元主体间是基于公共问题的复杂性、资源依赖性和治理行动的外部性而自发形成的协同网络关系。因此，组织多元且独立、行动自主且互赖和基于共识的横向协同，是网络得以发挥总体性能力的制度环境基础。

事实上，网络在中国治理情境中发挥着重要作用，各组织之间的协同联动是协调区域经济发展、统筹央地关系和实现均衡治理的关键所在。适应于中国治理情境的网络结构是松散耦合型网络，而非参与者网络。松散耦合型网络的总体性能力主要依靠执政党在治理体系中的"双向嵌入结构"，通过发挥其领导者功能，实现纵向跨层级协调、横向跨部门联动和跨地域、跨领域的协同共治。可见，基于中国情境的整体性治理是建立在政党整合基础上的多层次协同过程。因此，基于整合的协同是党领共治网络的功能逻辑和总体性能力的运作基础。从国家安全问题的复杂性与联动性来看，总体国家安全并非各类安全问题的简单相加，也不是传统安全问题的"泛化"，而是一个复杂巨系统。这意味着安全治理既要重视外部安全，又不能忽视内部安全；既要关注国家主权安全，又要回应民众的安全需求；既要重视传统安全，又要重视非传统安全；既要强调生存型安全，又要突出发展型安全;既要关注自身安全,又要关注共同安全。有鉴于此,应对国家安全的复杂性,亟须提升总体性能力,以基于整合的协同逻辑来推动政府体系的内部整合、社会力量的政治吸纳和人民群众的社会动员,进而构建以执政党为核心的"多层级、广覆盖、立体化"的国家安全治理体系。

国家安全总体性能力的基本框架

乌尔里希·贝克(Ulrich Beck)认为,后工业社会是全球性风险社会。在这种社会形态下,当代中国受到经济全球化与国家现代化的双重影响,遭受的是"共时性风险",而非"历时性风险"的扰动。这种共时性风险将自然经济条件下的传统风险、工业社会的现代性危机以及后工业社会的结构性风险,以时空压缩的方式高度浓缩于转型中国的社会发展过程之中。可见,目前中国面临着更为复杂的国家安全局势。为了有效应对转型社会的深层次矛盾与系统性风险,国家安全治理应跳出线性思维主导下的一元化、静态化、单领域和责任部门化、属地化的分散治理模式,通过构建集中统一、统分结合的整体性治理体系,提升国家安全的总体性能力。与具体性能力和基础性能力相比,这种总体性能力是一种跨系统的领导能力,强调在制度设计上突出权力整合和流程简化,在机制运作上体现协同联动和高效处置,旨在提升治理系统的跨界整合能力和协同联动能力,因此,国家安全的总体性能力主要包括制度能力、总成能力和协同能力等。

第一,制度能力是国家安全治理的规则建构和维护能力,是总体性能力的制度保障。道格拉斯·诺斯(Douglass North)认为,制度是一种具有可信承诺的规则,其作用是克服情境复杂性和不确定性,进而降低治理主体行动过程中的交易成本和代理成本。可见,制度并非完全是自然长成的,而是具有建构主义特征的规则体系,对于社会生活和国家治理具有基础性作用。一方面,国家本身就是由一系列规则体系、组织机构和各种治理机制联结而成的制度系统;另一方面,国家作为治理权威又是制度、规范和规则的设计主体,是进行制度协调与调整的"集成装置"。因此,国家的制度能力是国家能力的集中体现。就国家安全的整体性治理要求而言,这种制度能力又体现为一种社会环境的建构能力,即在制度设计、机制创新和规则制定的过程中贯穿基于整合的协同逻辑,实现制度协同、主体协同和方式协同。埃莉诺·奥斯特罗姆(Elinor Ostrom)在研究集体行动问题时指出,制度是一个多层级的规则体系,既包括宪法层次的指导性规则,也包括集体行动层次的管理规则,还包括操作层次的执行规则。因此,在我国国家安全治理实践中,整体性治理的制度设计应着眼于构建党中央集中统一领导的整体性治理结构,机制创新应以保障整体性协调为原则,策略选择应以"党领共治"为导向,以多层次制度间的有效衔接提升总体性能力。

其一,在制度设计上优化由党中央集中统一领导、高效权威的整体性治理结构。治理结构涉及治理权威的权力与责任分配和主体间关系,是结构层次的制度安排,是国家安全治理战略性和方向性原则的直接体现。从当前我国国家安全的治理结构来看,中央国家安全委员会是我国国家安全工作的决策和议事协调机构,国家安全事务属于"中央事权",由中央层面相关条线部门负责。但是风险的非线性演化和涟漪效应意味着风险具有跨界流动的特性。它既有可能造成安全威胁的空间扩散,也有可能从一种安全威胁演化为另一种或多种安全威胁。因此,在将国家安全界定为"中央事权"的基础上,应考虑设置地方性安全委员会,对并不直接涉及主权安全和政治安全等传统安全问题的安全事务进行分类、分级,赋予地方性安全治理委员会统筹协调区域性公共安全事务的治理职能。同时,在中央国家安全委员会中可适当设置任务型小组和议事协调机构,以任务型小组的模块化结构和议事协调机构的统筹规划应对国家安全的总体性、衍生性和边界模糊性特征。

其二,在管理层次的机制创新上围绕塑造整体性协调的组织功能展开。从整体性治理理论来看,这种整体性协调主要建立在资源集成与信息共享的基础上。一方面,风险的复合化意味着安全威胁形式的多样化和跨域化,因而一个完整的国家安全治理体系并非单向度和一维的管控体系,而是复合多维的多层级、广覆盖型治理体系。在这种层级体系中,治理资源的战略性集成和组织信息的有效传递与沟通是跨界治理集体行动得以成功的前提。另一方面,作为一种集体行动的协调方式,整体性协调在机制设计上应注重利益与风险的平衡性,以实现治理主体间的"分配正义"。

其三,在操作或执行层次的治理策略上立足"党领共治"的原则。发挥党的跨组织整合功能,构建国家主导的多元共治网络。随着安全威胁主体的广泛化和安全治理的技术化,国家安全治理越来越需要非国家行为体和超国家行为体的共同参与,但是多元化的行动者必然在价值理念、行动能力和资源禀赋方面存在差异、分歧和冲突。因此,在构建安全治理的协同网络的过程中，要充分把握我国的制度情境，借助党的高位政治势能，以政党组织的利益整合、共识凝聚、组织协调和社会动员功能，实现治理行动的整体性协同。就此而言，以"党领共治"的方式将非国家行为体纳入安全治理的协同框架，不但没有削弱国家行为体在安全治理过程中的权威地位，反而丰富了国家安全的治理工具箱。

第二，总成能力是政府体系的整体性运作能力，是总体性能力的系统整合。与传统安全的外显性、宏观性和高阶性相比，以人的安全为中心的非传统安全往往具有内隐性、分散性和低阶性的特征，在安全治理的过程中往往容易被忽视。然而，风险边界的模糊性意味着传统安全与非传统安全的割裂并非常态，非传统安全经过风险演化和扩散能够触发作为高阶政治的传统安全问题。例如，新冠疫情作为典型的非传统安全问题，在疫情防控过程中往往涉及以秩序维护为主要内容的社会安全、以供应链稳定为核心的经济安全和以意识形态斗争为主轴的政治安全等问题。可见，风险聚合与安全威胁的跨界性对国家安全提出了"总体性"要求。这意味着不但国家安全治理体系要在治理结构上具有整体性、在治理过程中体现系统性和协同性，而且政府间合作应成为应对安全威胁时间非线性和地区外部性的必要举措。

其一，完善以中央国家安全委员会为主轴、国家安全部与应急管理部为"两翼"的安全治理综合性体制。一直以来，以条块关系失衡、部门主义和地方主义为代表的治理权威碎片化在国家治理过程中形成了协调难题。这种跨部门、跨地域的协调困境，制约了组织间跨界合作应对复杂公共问题的能力。因此，在跨界治理的议题设置、协商对话、组织动员、分工协调和资源调配等过程中,需要一个具有高度政治权威的综合性协调机构。目前,中央国家安全委员会是我国国家安全治理的最高权威机构,是制定国家安全战略和决策、协调国家安全工作的核心部门,然而,中央国家安全委员会的统筹规划多为战略层面的总体性协调,而非战术层面的任务型协调。因此,在坚持中国共产党领导的国家安全体制的基础上,围绕作为高阶政治的传统安全与作为低阶政治的非传统安全问题,应充分发挥国家安全部和应急管理部在不同安全领域的综合协调职能。一方面,强化国家安全部在涉及政治安全、意识形态安全、军事安全等传统安全领域的情报收集、风险研判和综合执法能力,赋予其特定的跨部门资源调配和信息整合权力;另一方面,明确应急管理部在非传统安全领域的综合协调职能、主责业务范围和在跨部门应急联动中的权责关系。

其二,强化安全治理过程中的府际联动。安全威胁的地区外部性挑战了以属地为基本单位的国家行动方式。这对国家安全能力提出了新要求,即跨越属地空间和部门组织边界的协调能力。因此,加强政府体系的府际合作和跨部门联动是构建安全治理组织网络的关键。一是加强应急预案的空间协同规划。应急预案是安全治理主体应对风险、灾害、危机及其衍生的安全威胁的行动纲领,贯穿于识别、准备、回应和恢复等风险治理全过程的政策工具。因为安全威胁具有空间跨域性,所以应急预案编制规划必然要求具有空间协同性。因此,在国家、地方和行业发展规划编制过程中要纳入相应的安全问题应对方案和应急预案编制,并强化预案编制的区域协作和联合演练。同时,在编制预案时应重点围绕特定安全威胁的识别和跨地区、跨部门资源整合等组织协调议题展开政府间协商对话，明确合作框架的主要内容，以提升条块联动能力。二是以治理重心下移加强纵向府际协调。为改变基层政府在安全治理领域的权责倒挂现象，应通过制度化分权赋予基层一定的自主权和豁免权，提升基层政府的治理韧性，避免基层政府在安全威胁识别和应对过程中因规避责任风险而贻误战机。三是以政党权威驱动横向协调，实现横向府际协调。受制于专业化分工和分类治理原则，我国安全治理横向部门间关系呈现明显的部门壁垒和条块分割状态，组织间的跨界合作具有动力不足和成本偏高等问题。一般而言，这种横向协调难题是横向部门间存在权力竞争、利益博弈和责任转嫁等竞争关系造成的，因此，横向协调机制若要具有可持续性和权威性，就必须"借道"政治机制，运用以政党权威为基础的小组政治，实现组织间分歧管控和共识维护。

第三，协同能力是国家与社会之间的协同联动能力，是总体性能力的社会基础。安全威胁的主体公共性意味着安全风险的全民性和无差别化。因此，安全治理的组织间网络不仅是一个政府系统内部的府际合作网络，也是一个跨越公私领域边界，整合政府、市场、社会等多元治理主体的跨界合作网络。美国联邦政府在针对卡特里娜飓风的灾害危机应对过程的评估报告中指出，政府、社会组织、社区和公民个体之间的协同联动不足，使得国家与社会难以形成治理合力以应对灾害及其衍生的安全威胁，是此次灾害应对失败的主要原因。可见，风险边界的模糊性要求安全治理具备跨界合作能力。这就需要国家与社会进行有效的协同联动，发挥多元治理主体各自的能力优势，以提升应对安全威胁的总体性能力。

国家安全意识能力是国家进行社会动员和依靠群众进行群防群治的价值基础,是安全治理集体行动的共同信仰保障。有组织的合作受到群体规模的影响,一旦参与共同行动的行动者规模过大,个体理性驱动下的自利行为便会消解共识与信任,进而瓦解集体行动。马克·布坎南(Mark Buchanan)认为,大型群体的集体行动需要将公共利益和共同价值信仰作为群体理性的基础,约束个体理性的"搭便车"行为。随着非传统安全问题的不断涌现,"人的安全"逐渐挑战了安全议题的国家和军事中心论,成为安全政治的中心。这不仅意味着个体安全是国家安全的微观基础,还反映了社会大众在国家安全治理过程中的主体地位。因此,要通过全面加强国民安全教育,增进民众对国家安全公共价值的理解和认同,奠定社会动员的共同信仰基础。与此同时,国家应不断完善公民和社会力量参与国家安全治理的激励机制,通过物质奖励和国家荣誉认证等方式,激发人民群众参与国家安全行动的积极性,筑牢国家安全的人民防线。

国家安全本身意味着一种不受威胁的主观感受,这种感受主要体现为行动者对安全情境的自主认知和独立判断,因而往往具有主观上的感知差异。不论这种差异是个体认知能力的差别造成的,还是个人价值偏好引发的,都会导致行动者对安全议题的理解差异,进而影响多元主体的协同联动。因此,作为协同共治网络中的"元治理"主体,国家应通过话语转换、意义建构和信息沟通,避免安全治理过程中的信息不对称和知识垄断造成的感知能力差异,提升安全共同体的信任与理解水平。一方面,国家应完善突发公共事件、自然灾害和重大安全生产责任事故等安全事件的信息披露和公众监督机制，提升公众在安全威胁识别、风险预警、应急救援和责任调查等环节的信息获取和监督能力；另一方面，应加大特定安全知识的宣传教育工作，借助相关领域的知识权威和科学机构定期开展专业性人才队伍建设，并培育相关专业性社会组织，以提升社会大众对特定安全领域的了解和认识，进而增强国家的社会沟通能力。

在我国国家安全治理情境中，国家与社会的协同联动是一种非对称性协同。一是安全是在识别、认知和判定风险和威胁的基础上产生的一种"政治选择"与"社会建构"，具有建构主义特征。巴瑞·布赞（Barry Buzan）等人认为，一个公共问题通过政治化途径上升为国家的安全问题，往往意味着该问题不仅获得了极大的注意力资源，还具有了处置的最高优先权，而这个政治化的过程就是社会公共问题的安全化过程。可见，尽管社会建构能够影响安全议题的塑造，但是只有国家的"政治选择"才是公共问题安全化的决定性因素，国家依然是安全治理的轴心主体，社会力量的参与只是应对安全威胁泛化和风险复合化的功能性补充。二是这种非对称协同不仅体现为国家与社会协同联动过程中权威分配的非均衡性，还体现为协同联动过程中的资源禀赋互补性。一方面，"强国家"的政治传统表明国家力量在资源汲取、整合和分配方面具有先天优势。在国家与社会的协同联动过程中，应注重发挥国家的资源调配能力，为社会力量提供资源引流与协调，进而为国家与社会的协同行动提供资源保障。另一方面，社会力量活动于基层社会，诞生于民众的生活领域。与国家力量相比，社会力量更了解"民情"和"地方性知识"，在与民众沟通方面更具优势。因此在相关安全公共政策的落地和风险沟通过程中,国家可以通过"借道"社会增强动员能力和沟通能力,进而提升国家安全治理的协同能力。

面对全球风险社会的复杂性及其给国家安全治理带来的现实挑战,习近平总书记明确提出:"我们要坚持以人民安全为宗旨、以政治安全为根本、以经济安全为基础、以军事科技文化社会安全为保障、以促进国际安全为依托,统筹外部安全和内部安全、国土安全和国民安全、传统安全和非传统安全、自身安全和共同安全,统筹维护和塑造国家安全,夯实国家安全和社会稳定基层基础,完善参与全球安全治理机制,建设更高水平的平安中国,以新安全格局保障新发展格局。"①可见,与传统国家安全观相比,总体国家安全观不仅具有安全内容的丰富性,而且注重安全关系的总体性,但是科层治理结构的碎片化难以适应国家安全治理的总体性要求,因而跨界协同网络成为国家安全治理的结构性基础。同时,多元主体参与的治理网络本身也面临着自主性与依赖性、主体多样性与行动一致性等内在张力。这意味着要提升国家的安全治理能力,就必须着眼于安全问题的总体性特征,增强国家对治理网络的建构与管理能力,以复杂的协同系统适应风险的复合化属性。因此,国家安全治理亟须提升总体性能力,依靠党领导的整体性治理结构,运用基于整合的协同逻辑,实现治理主体和治理资源的跨组织整合、治理行动的协同联动。

虽然"人的安全"丰富和拓展了国家安全的内容,但是它并未以非国家行为体取代国家在安全治理过程中的轴心地位。从

---

① 习近平:《习近平著作选读》(第一卷),人民出版社,2023 年,第 43 页。

整体性治理的实践要求来看，一方面，多元共治网络是国家应对安全威胁的功能性补充和选择性机制；另一方面，治理网络的"协同惰性"问题意味着需要具有国家运用其政治权威地位，发挥其"元治理"功能，进而实现网络的整体性协调。首先，制度供给既是国家"元治理"功能的主要体现，也是制度能力的核心内容。国家通过在制度体系、运作机制和操作性规范三个层次，建构以整合逻辑为导向的治理结构，为吸纳多元主体参与安全治理，共同应对国家安全风险提供制度保障。其次，总成能力是弥合组织缝隙、实现政府体系整体性运作的基础。这就要求国家行为体在安全治理过程中综合运用多种协调策略，以实现跨部门和跨地域的协同联动。国家行为体既要注重依靠高层权威和党的政治势能推动横向协调，也要善于运用治理技术推动纵向协调。最后，安全问题的治理复杂性对国家与社会的协同共治提出了更高要求。为了实现国家与社会协同应对国家安全问题，既要通过提升全民国家安全意识，增强协同联动的价值共识，又要通过提升国家的信息沟通能力和知识共享能力，降低社会公众对安全问题的理解能力差异，还要注重通过优势互补，以非对称性协同增强国家与社会的合作能力。

（根据彭勃 2022 年 10 月 22 日授课内容整理）

【教学答疑】

青年教师：您今天的讲座为我提供了宝贵的授课素材。我们的课程主要面向大一和大二的学生群体，为此我有一个困惑向您请教：总体国家安全观作为一个理论概念或系统，如何在授课过程中将其具体化，使学生能够真正理解和应用？例如，在谈及国家整体安全时,我们如何引导学生认识到他们在其中可以发挥的具体作用,并给出相应的建议呢?

彭勃:在向青年学生传授关于国家安全方面的知识时,我认为可以构建一个结构化的框架,该框架应涵盖青年学生对国家安全领域认识的几个核心方面或维度。针对每个维度,我们可以精心挑选并整理具有代表性和鲜活性的案例,以案例为基础,进行深入剖析和讲解。例如,在社会稳定维度,我们可以探讨大学生应如何积极参与社会建设,维护社会稳定;在科研与学术研究领域,应如何树立安全意识和观念,确保研究成果的安全性和合规性;在舆论宣传和网络空间方面,应如何把握言论尺度,做到言行一致,遵守网络道德规范;在公共安全领域,应如何增强自我保护意识,提高应对突发事件的能力;在遵守法纪方面,应如何树立法治观念,自觉遵守国家法律法规。

为了增强教学效果,我们可以结合这些案例开展讨论,鼓励学生发表自己的观点和看法。然而,需要注意的是,当代年轻人思想差异较大,可能对某些观点持有不同看法。因此,在教学过程中,我们应注重心理疏导和建设,帮助学生建立正确的价值观和世界观。各位老师能够共同研究并整理出与学生安全相关的核心维度和案例。通过案例教学的方式,我们可以更有效地激发学生的学习兴趣,帮助他们深入理解并掌握国家安全知识。

【拓展阅读】

彭勃指出,总体国家观所揭示的不仅仅是国家战略的调整和国家重点领域调整,而是对国家治理范式的创新与提升。总体国家安全观指导下的国家治理模式与单纯以发展为目标的国家治理模式存在明显差异。统筹发展与安全的国家治理思想，要求将发展型国家与安全型国家的治理模式有机结合起来，形成新的国家治理模式。彭勃认为，总体国家安全观体现了国家治理现代化的必然要求，不仅深刻揭示了国家安全的首要性、全局性和根本性特征，还强调了总体国家安全高于政治、经济、文化、社会、科技等领域安全的综合性和系统性。在《国家安全的总体性能力：现实逻辑与分析框架》一文中，彭勃总结道：

习近平总书记在党的二十大报告中明确提出："我们要坚持以人民安全为宗旨、以政治安全为根本、以经济安全为基础、以军事科技文化社会安全为保障、以促进国际安全为依托，统筹外部安全和内部安全、国土安全和国民安全、传统安全和非传统安全、自身安全和共同安全，统筹维护和塑造国家安全，夯实国家安全和社会稳定基层基础，完善参与全球安全治理机制，建设更高水平的平安中国，以新安全格局保障新发展格局。"可见，与传统国家安全观相比，总体国家安全观不仅具有安全内容的丰富性，而且注重安全关系的总体性。因此，国家安全治理亟须提升总体性能力，依靠党领导的整体性治理结构，运用基于整合的协同逻辑，提升国家安全的制度能力、总成能力和协同能力，从而实现治理主体和治理资源的跨组织整合以及治理行动的协同联动。①

① 彭勃、杜力：《国家安全的总体性能力：现实逻辑与分析框架》，《行政论坛》，2023年第3期，第36—46页。

韩庆祥

新时代十年的伟大变革与中国的现代化

【专家简介】

韩庆祥,博士生导师、一级教授,1989年获北京大学哲学博士学位,中央政治局第十一次集体学习主讲专家,曾任中央党校校务委员会委员、中央党校副教育长兼哲学教研部主任,中国马克思主义哲学史学会"21世纪马克思主义研究分会"会长,第十三届全国政协委员,十三届全国政协文化文史和学习委员会委员,兼中国人学学会副会长、中国马克思恩格斯研究会副会长、中国马克思主义哲学史学会副会长、北京市哲学学会副会长,中央组织部联系专家、中共中央党校省部级班主讲教师,主要研究方向为马克思主义哲学、人学和能力问题,先后发表190多篇学术论文、出版学术著作7部、独立主持承担5项国家社会科学基金项目。

【内容提要】

打造新时代思政"金课",就是要把思政课讲深、讲透、讲活。韩庆祥指出,打造思政"金课"应该遵循"六个标准":一是读懂马列经典,二是读懂中央文献,三是读懂现实逻辑,四是读懂"两个大局",五是读懂学生世界,六是体现政治情怀。此外,韩庆祥从宏观、中观、微观三个层面详细解读"新时代十年的伟大变革与中国式现代化道路",为提升课程设计质量提供指导。韩庆祥的详细讲解、层层解析,具有很强的政治性、理论性和指导性,有助于"形势与政策"课授课教师准确把握专题重点和授课方向。

【专题解读】

现在有一个概念,叫"思政金课"。我非常赞同这个概念。要把思政课讲成"金课",标准太高会高不可攀,标准太低又不能算金课。

从目前我所掌握的情况,全国的马克思主义学院大都在讲"思政金课"。不少地方很积极,对"思政金课"高度重视,但重视方式不同。有些大学马克思主义学院推荐两三位思政课老师参加全省"思政金课"比赛,每人讲15到20分钟。讲完之后,评委评估打分,从中评出所谓的"金课"。有些省在评的过程中,我也参与,感到大家都非常投入,很有积极性。但"思政金课"应与习近平总书记所提出的标准对标。根据习近平总书记在学校思想政治理论课教师座谈会上的重要讲话与习近平总书记到中国人民大学考察的重要讲话,可以总结概括出"思政金课"的六个标准。

第一,要读懂马列经典。我们是马克思主义的传人,是马克思、恩格斯的学生。他们的经典著作如果我们读得不全、读得不深、没有读懂,虽然课堂上可能讲得很热闹,但是认真一听,就会知道没有读懂读透马列经典。

第二,要读懂中央文献,尤其是《习近平谈治国理政》第一、二、三、四卷。如果对这四卷没有系统读过、没读懂,很难说你这个课就是"思政金课"。

第三,要读懂现实逻辑。要读懂1978年以来中国特色社会主义的发展逻辑,或者当代中国发展的现实逻辑。马克思在晚年集中创作《资本论》的时候,首先是把资本主义社会发展的现实逻辑搞清楚了,然后在这个基础之上构建起《资本论》的理论逻辑。作为思政课老师,一定要有历史感、时代感、现实感,要把1978年以来中国特色社会主义的发展逻辑,或者说把改革开放和社会主义现代化建设的现实逻辑搞清楚。因为从邓小平理论一直到习近平新时代中国特色社会主义思想,这个理论发展的逻辑实际上反映了1978年以来当代中国发展的现实逻辑。如果这个现实逻辑读不懂,你就很难读懂这个理论发展的逻辑;如果你没有读懂这个理论发展的逻辑,就很难说你的课是"思政金课"。

第四,要读懂"两个大局"。马克思、恩格斯所创立的马克思主义是非常具有人文情怀的,是为人类解放立言的,是致力于解放全人类的,这个学说、这个理论体系是在民族历史成为世界历史的进程中创立的。就今天而言,我们要关注构建人类命运共同体、创造人类文明新形态这样的问题,要读懂世界百年未有之大变局,读懂实现中华民族伟大复兴战略全局,如果没有读懂这"两个大局",很难说你的课就是"思政金课"。

第五,要读懂学生世界。我们的思政课,不仅体现了主客体关系,也体现了平等关系。在思政课讲堂上,通常是老师在讲,学生在听。在这样一个场景中,学生暂时是需求方,思政课老师就是供给方。我们老师端出一份"菜",怎样判断我们的学生喜不喜欢吃呢？这就涉及你所提供的思政课内容对学生是否具有针对性,是否有亲和力。思政课肯定是要具备思想理论性的,同时也是需要具有亲和力、针对性的。如果我们没有读懂学生的心理世界或内心世界,我们讲的课就很难有灵性、有灵气、有灵感。如果读不懂学生的心灵世界,也很难说我们的课是"思政金课"。

第六,要体现政治情怀。我非常赞同让有信仰的人讲信仰,让有政治情怀的人讲思政课。如果我们自己就没有很高的政治站位,没有把政治内化于心、外化于行,没有政治情怀,那我们很难把这个课讲得非常有灵性。

所以我心目中的"思政金课",就是读懂马列经典、读懂中央文献、读懂现实逻辑、读懂"两个大局"、读懂学生世界、体现政治情怀。当然这个标准很高,但是并不是高不可攀,这个标准可以成为我们思政课老师讲思政课的最高的追求。其实,思政课老师是非常辛苦的,因为思政课政治性很强,工作量很大,面临许多压力。这六个标准也高、实现难度也大,且学生对我们的课有一定的距离感。

就今天这个主题"新时代十年伟大变革与中国式现代化"而言,我想从两方面来谈一谈,如果让我来讲这个主题,我会怎么讲,有哪些方面还需要进一步完善。

我先说第一方面。我是中央党校的老师,授课对象是学员,上海交通大学思政课老师授课的对象是学生,学生和学员虽有共同点,但还有所不同。我来布局这个讲题的话,会从三大块来思考谋划：第一块是宏观,第二块是中观,第三块是微观。在中央党校,我面对的是学员,应该先讲宏观,再讲中观,再讲微观。但是,对我们上海交通大学的学生来说,那可能要颠倒过来,先讲微观,再讲中观,最后讲宏观。

先讲宏观。宏观方面的关键是要讲透新时代十年伟大变革与中国式现代化的关系,应该先把这个关系讲清楚。新时代十年伟大变革,显然讲的是中国而不是世界。《中共中央关于党的百年奋斗重大成就和历史经验的决议》从十三个方面①来讲伟大变革,就是在十三个方面"取得了历史性成就、发生了历史性变革"。我们讲这个课,对这十三个方面的历史性变革、历史性成就不能忽略。这种历史性变革、历史性成就之最根本的,就是创造了中国式现代化新道路,也创造了人类文明新形态,所以要落脚到这"两个创造"上。新时代十年伟大变革是这"两个创造"的现实基础、实践基础,而中国式现代化新道路则是贯穿新时代十年伟大变革的一条主线,这是新时代十年伟大变革与中国式现代化之间的关系。新时代十年伟大变革是因,中国式现代化是果。因此,在宏观上要把这个关系讲透。

第二个是中观。进入中观层面,就是要讲清楚新时代十年伟大变革是如何创造中国式现代化新道路的,这一创造的内在机理、内在逻辑要给学生讲清楚。新时代十年历史性变革取得最大最根本的成就,就是"两个创造"。创造的内在机理和逻辑是什么? 我的理解,就是三段论:

---

① 编者注:"十三个方面"即:(一)坚持党的全面领导,(二)全面从严治党,(三)经济建设,(四)全面深化改革开放,(五)政治建设,(六)全面依法治国,(七)文化建设,(八)社会建设,(九)生态文明建设,(十)国防和军队建设,(十一)维护国家安全,(十二)坚持"一国两制"和推进祖国统一,(十三)外交工作。

第一段，就是讲十三个方面的历史性变革；第二段，要聚焦到"五大文明"协调发展，就是物质文明、精神文明、政治文明、社会文明、生态文明的协调发展。这就把十三个方面聚焦于五个方面；第三段，把这五个方面再进一步聚焦到"两个创造"上，即创造中国式现代化新道路和创造人类文明新形态。所以总的来说，就是从"十三"到"五"，再从"五"到"二"。这就是内在机理、内在逻辑，我们要把这个逻辑讲清楚。

讲清楚之后，再聚焦习近平总书记所提出的中国式现代化的五个本质特征：人口规模巨大的现代化、全体人民共同富裕的现代化、物质文明和精神文明相协调的现代化、人与自然和谐共生的现代化、走和平发展道路的现代化。讲这五个本质特征要与十三个方面的成就、变革紧紧对接，否则逻辑就连不上了。除了人口规模巨大的现代化以外，后面的四句话，是完全可以和十三个方面对接的：全体人民共同富裕的现代化，与十三个方面的第八个方面对接上了；物质文明和精神文明相协调的现代化，与十三个方面的第三个方面、第四个方面、第五个方面、第六个方面、第七个方面对接上了；人与自然和谐共生的现代化，能和十三个方面的第九个方面相对接；走和平发展道路的现代化，能够与第十到第十三个方面相对接。

第三是微观。习近平总书记关于中国式现代化道路有三大论断，是具有标识性的新论断，也是非常重要的论断。如果讲课的时候遗漏了这个，说明我们的备课是不全面、不系统的。第一个论断是，我们党无论搞革命、搞建设、搞改革，道路问题都是最根本问题；第二个论断是，道路关乎党的生命，道路问题是关系党的事业兴衰成败的第一位的问题，道路就是党的生命；第三个论断,就是习近平总书记"七一"重要讲话所提出的"走自己的路,是党的全部理论和实践立足点"。

那么该如何讲这三大论断? 还要从历史讲起,包括马克思主义的发展史、马克思主义中国化的历史,以及中国特色社会主义发展史。

马克思主义发展史的主线,就是对道路的探寻。这条很关键,是很重要的着力点,因为马克思主义发展史归根到底就是对道路探寻的历史。例如科学社会主义对空想社会主义的超越,主要是在实现理想目标的道路上的超越。对空想社会主义提出的很多理想目标,马克思、恩格斯都有所继承。但是,空想社会主义要么注重改良,要么注重实验,要么注重劝说,要么希望资本家良心发现。马克思认为,这个道路不行。马克思所开辟的道路,是全世界无产者联合起来,消灭私有制、消灭剥削阶级、解放全人类、解放无产阶级,实现每个人自由而全面的发展,即通过无产阶级革命的道路来达到这个目的。在革命道路上,这显然是对空想社会主义的超越。

马克思晚年的《人类学笔记》《历史学笔记》《民族学笔记》,其聚焦点就是探讨历史发展道路的多样性,而不是单一性。青年马克思关于历史发展道路的论述还有直线论的影子,强调历史发展要经历原始社会、奴隶社会、封建社会、资本主义社会、社会主义社会。然而,马克思在晚年发现,社会主义不能在欧洲这些国家同时取得胜利。当时,也有俄国的民粹派向马克思请教东方社会发展的道路问题。晚年马克思对早年的思想进行了很大调整,就是注重历史发展的非线性或多线论,这是马克思的伟大之处。多线论为开创中国式现代化道路提供了重要的理论基础。

俄国在1917年发生了十月革命，在世界上建立了第一个社会主义国家。但由于当时俄国国情是小农经济占绝对优势，建设社会主义缺乏雄厚的物质基础、国力基础和人民群众基础，所以1923年以后，列宁的理论和实践探索的聚焦点就是小农经济占绝对优势的经济文化落后的俄国如何向社会主义过渡的道路问题。列宁有一句经典的话，即"一切民族都将走向社会主义，这是不可避免的，但是一切民族的走法却不会完全一样"①。列宁提供的方法，就是利用国家资本主义改革小农经济而向社会主义过渡，这也是个道路问题。

十月革命一声炮响，给中国送来了马克思列宁主义，开启了马克思主义中国化的历史。马克思主义中国化的实质，就是马克思主义基本原理同中国具体实际相结合、同中华优秀传统文化相结合。这两个结合有两个维度，一是"中国化"，二是"化中国"。马克思主义基本原理同中华优秀传统文化相结合时，由于中华优秀传统文化的土壤和马克思主义的种子具有高度契合性，所以马克思主义基本原理就在中国扎根、开花、结果，这就是马克思主义中国化。而"中国化"只是个逻辑起点，它的目的是"化中国"。化中国，就是马克思主义基本原理同中国具体实际相结合。中国具体实际的内涵到底是什么？虽然到现在还没有完全搞清楚，但我认为，中国具体实际包括四个含义，这四个含义环环相扣、步步深入、逻辑严密，构成一个有机整体。这就是：历史方位、主要矛盾、根本问题、中国道路。中国具体实际不是

---

① 列宁：《列宁全集》（第28卷），人民出版社，2017年，第163页。

抽象的,而是在一定历史方位、历史发展阶段中的具体实际。在这个历史方位中的具体实际,从根本上加以聚焦,就是社会主要矛盾。1981 年十一届六中全会,邓小平重申社会主要矛盾。为什么党的十九大报告第一部分在收尾的时候,说我国社会主要矛盾发生了历史性转化?社会主要矛盾在党中央治国理政中具有相当重要的地位,所以中国具体实际就是社会主要矛盾所蕴含的具体实际。在社会主要矛盾中蕴含着党中央治国理政所要解决的根本问题。怎么来破解这个根本问题?最根本的方法,就是找到一条正确的道路。

马克思主义中国化的主线,实际上就是探寻新民主主义革命时期的革命道路、社会主义改革和建设时期的社会主义道路、改革开放和社会主义现代化新时期的实现社会主义现代化道路、中国特色社会主义新时代的实现中华民族伟大复兴的道路。所以,马克思主义中国化的历史也是探寻道路的历史。党的十八大以后,中国特色社会主义进入新时代。这个新时代在实践上的根本问题,就是以中国式现代化全面推进中华民族伟大复兴;在理论上的根本问题,就是以中国式现代化、人类文明新形态和构建人类命运共同体,来创新发展 21 世纪马克思主义。

再来说说第二方面。就是对本主题的"形势与政策"课的讲义及其框架、思路加以评点。我把重点强调一下。第一个重点,就是突出了三个"变",即世界之变、历史之变、时代之变。当然这三个"变"应该是我们讲新时代十年伟大变革的宏观背景,最终要落实到最后一个"变",即时代之变,就是新时代伟大变革的十三个方面。第二个重点是,这个讲课的思路是从具体到抽象。一开始可以通过一些数据和图片,来讲新时代十年所发生的伟大变革,这是很具体的。从新时代伟大变革中抽象出中国式现代化新道路、中国式现代化,然后再来讲中国式现代化的根本属性、本质特征,然后进一步引申讲对创造人类文明新形态、构建人类命运共同体具有怎样的世界意义。讲中国式现代化的世界意义,一定要紧紧围绕人类文明新形态、构建人类命运共同体来讲。所以从具体到抽象的思路是有代入感的,是适合学生口味的。

还需要进一步注意的是,一定要讲透中国式现代化新道路、人类文明新形态、构建人类命运共同体这三个概念之间的关系,它们是环环相扣、逻辑严密的有机整体,具有重要的学理价值、实践意义和世界意义。例如中国式现代化新道路的世界意义,离不开创造人类文明新形态和构建人类命运共同体,讲中国式现代化新道路的世界意义,离不开发展 21 世纪马克思主义,而发展 21 世纪马克思主义的三大基石,就是中国式现代化新道路、人类文明新形态、构建人类命运共同体。所以我认为,这三大概念是需要强调的。

刚才提出的几点建议仅供参考。我就讲到这里,不完全对,也欢迎大家批评!

(根据韩庆祥 2022 年 9 月 20 日授课内容整理)

【教学答疑】

青年教师:韩老师,部分思政课授课教师不是科班出身,当然他们本身是素质非常好的群体,能够快速地从很多具体的事例、事件,或者是从微观角度逐渐深入到中观或者宏观层面。但是一旦往更深的方面,到这种概念之间的逻辑关系或者是讲学理性分析的时候，就会有一种力不从心的感觉。您看能不能给大家一些建议？

韩庆祥：这是很重要的问题。思政课其实是难度很大的一堂课，并不像有的人说的谁都能讲。思政课是必须经过认真地准备、思考、研究才能真正讲到学生的心坎上的。根据习近平总书记的指示精神，思政课的本质是讲道理。道理怎么讲？要讲深、讲透、讲活。讲深，就是具有思想性、理论性；讲透，就是具有针对性；讲活，就是具有亲和力。按照这样一个思路，还是应该从具体到抽象、从微观到宏观，这样来讲就有一种代入感。

如果我来布局这个课，第一块，先把十三个方面的历史性变革专门作为一块来讲，通过这个来切入，这是最有现实感、历史感的，让学生听起来能代入进去；但是，我们这个课的本质还是要讲道理，不是仅就这十三个方面来讲十三个方面，还要进一步深入讲这十三个方面背后的道理，这个道理就是"五大文明"协调发展，即把"五大文明"协调发展作为第二块来讲；然后进入第三块，就从这"五大文明"中进一步深入到中国式现代化、人类文明新形态，讲清楚"五大文明"协调发展与中国式现代化、人类文明新形态的关系。这就把"十三个方面"的成就背后的深层道理讲出来了；然后从第三块内容再进一步深入，讲第四块内容，即讲清楚中国式现代化、人类文明新形态、构建人类命运共同体的进步内涵以及三者层层递进、提升的逻辑关系。

最后，要讲清楚我们这个课的落脚点有两个方面，即它的中国意义和世界意义。其中国意义，就是讲清楚以中国式现代化全面推进中华民族伟大复兴；世界意义，就是要讲清楚中国式现代化、人类文明新形态、构建人类命运共同体是发展 21 世纪马克思主义的三大基石。

【拓展阅读】

　　韩庆祥提出，新时代十年伟大变革是创造中国式现代化新道路，是创造人类文明新形态的现实基础、实践基础，而中国式现代化新道路则是贯穿新时代十年伟大变革的一条主线，这是新时代十年伟大变革与中国式现代化之间的关系。对于推进中国式现代化，韩庆祥还进行了深入的研究和论述，例如在《在准确把握"六个必须坚持"中扎实推进中国式现代化》一文中，他认为：

　　　党的二十大报告提出了继续推进理论创新的科学方法，即必须坚持人民至上、必须坚持自信自立、必须坚持守正创新、必须坚持问题导向、必须坚持系统观念、必须坚持胸怀天下。这"六个必须坚持"，也是习近平新时代中国特色社会主义思想的立场观点方法的重要体现。推动中国式现代化取得新进展新突破，需要准确把握"六个必须坚持"。[1]

---

① 韩庆祥：《在准确把握"六个必须坚持"中扎实推进中国式现代化》，《人民日报》，2023年4月25日第9版。

陆　铭

激活中国经济活力，加强建设全国统一大市场

【专家简介】

陆铭，经济学博士，上海交通大学安泰经济与管理学院特聘教授、中国发展研究院执行院长、中国城市治理研究院研究员、教育部长江学者特聘教授；曾工作于复旦大学，并作为兼职（客座）教授受聘于新加坡管理大学和东北财经大学等多所大学；曾作为富布莱特学者工作于美国哈佛大学和国家经济研究局（NBER），曾担任世界银行和亚洲开发银行咨询专家；担任《经济学（季刊）》副主编，Asian Economic Papers（MIT 出版社）编辑，《世界经济》等期刊编委；研究领域为劳动经济学、城乡和区域经济发展、中国经济；近年来的研究主要是对城市和区域发展政策进行评估，并为促进中国国内市场一体化和经济持续增长提供来自空间政治经济学的战略思考；已出版学术著作《空间的力量》《大国治理：发展与平衡的空间政治经济学》等，出版科普著作《大国大城》和《向心城市》。

【内容提要】

建设全国统一大市场是构建新发展格局的基础支撑和内在

要求。陆铭从多角度、多维度充分阐释"全国统一大市场"背后的逻辑框架，深入解读其核心要义和重点问题。陆铭通过大量数据分析和具体案例，围绕经济发展目标、统一大市场的现实障碍及其未来趋势三个方面，就"全国统一大市场"的行动纲领进行了深入分析和系统讲解，既有理论阐释、实践经验，又有政策解读、形势研判，为"形势与政策"课任课教师更好引导学生深入理解和认同"全国统一大市场"提供了有效指导和帮助。

【专题解读】

中共中央、国务院发布的《关于加快建设全国统一大市场的意见》在社会各界引发了广泛的讨论。其中一个普遍存在的疑问是：中国当前是否已经是一个统一的大市场？为了解答这一问题，我们引用一项基于大数据的研究成果。近期，我们与上海一家科技公司合作，对全国汽车和客车数据进行了深入分析，以此揭示中国不同地区车流状况。从城市网络的状态来看，中国已呈现出统一大市场的特征。然而，当我们提及建设全国统一大市场，实际上是指我们在实现大市场统一程度方面仍有待加强。这一观点旨在强调，尽管中国已具备统一大市场的基础，但在实际运作中，市场的统一程度仍需进一步提升，以推动经济的高效运行和协调发展。

加快建设全国统一大市场的原因

清代学者陈澹然曾言："不谋万世者，不足谋一时；不谋全局者，不足谋一域。"此语至今仍为众多学者所引用，用以阐述国家发展的深远规划与全局观念。换言之，国家的发展目标需兼具长期与全局的视野,即追求多维度的发展目标。具体而言,一个国家的长期发展必须审视其经济结构。在 2000 年经济危机之前,中国经济严重依赖投资,国内消费在推动经济增长中的比重相较于世界其他国家明显偏低。为了缓解国内产能压力,我们采取了大量出口的策略。然而,这种依赖出口和投资的经济增长模式并非长久之计。早期,当中国经济在全球经济中的比重较低时,出口廉价的中国制造商品尚可行。然而,随着中国经济在全球的占比逐渐上升至接近 20%,其他国家难以消化如此庞大的出口产品。在国际贸易中,我们的贸易盈余对他国而言即为贸易赤字,这种全球经济的不平衡引发了各国的不满。因此,中国越来越需要依靠内需来驱动经济发展。

近年来,中国政府提出了以内循环为主体,国内国外双循环相互促进的发展格局。事实上,当前的经济增长中,外贸盈余的贡献仅占约 1%,其余 99% 左右则依赖于投资和消费。在正常情况下,2019 年国内消费在经济增长中的比重已超越投资和外贸盈余。因此,在依赖国内需求拉动投资时,我们可以充分发挥国内大市场的优势。从投资结构的角度看,过去的经济增长方式主要侧重于物质资本的积累,而未来则需更加注重人力资本和生态资本的积累。

全国统一大市场的障碍

谈及全局发展时,市场一体化是一个不可忽视的方面。当前,社会各界在讨论市场一体化时,主要关注商品市场的一体化,即国家内部不应存在类似于国家间的贸易壁垒和关税。然而,另一个同样重要的问题可能被忽视:在一个国家的统一市场中，生产要素的自由流动至关重要。当前，我国的生产要素特别是劳动力和土地，在地区间的配置效率尚待提高，市场尚未实现完全统一，尤其是劳动力市场。因此，未来在推进市场一体化的过程中，需要更加注重生产要素的自由流动，以实现更加高效和平衡的经济发展。

在多数国家，劳动力已实现了国内的完全自由流动。然而，在我国部分特大城市，户籍制度仍成为劳动力自由流动的障碍。从经济发展的视角看，劳动力自由流动能够显著提升资源配置效率，实现城乡间和区域间的平衡发展。提及国内大循环的畅通性时，有观点认为这可能导致发达地区进一步吸引小城市和农村的生产要素。但理想状态下，一个大国内部应形成城乡间、地区间的合理分工，经济资源会逐步向少数优势地区集中，不同地方形成各自特色的分工格局。经济发展条件优越的地区，如制造业和现代服务业的领军者，将引领国家的现代化进程；而某些地区随着人口减少，将逐渐转变为保障国家粮食安全、生态安全和国家安全的重要基地。

从国家层面考虑，中央政府需实施有效的财政转移支付，以支持发展条件相对较差的地区。这些地区在保障国家各项功能方面发挥着重要作用，因此应通过财政转移支付实现国家发展成果的共享，这即是全局发展、多维发展的体现。随着经济发展水平的提升，特别是在中国即将迈入高收入国家，多维战略格局将逐渐成形的新阶段，居民的需求将日趋多元化，包括公共服务、收入均等化水平、精神需求等均会随之提升。

为实现上述目标，中国需妥善处理市场与政府的关系。中央提出的建设统一大市场，并非意味着重回计划经济时期的统购统销。实际上,为了实现长期、全局和多维的发展,市场机制的作用至关重要。生产要素的自由流动有助于优化资源配置,提高城乡结合地区的资源控制效率,并促进信息共享和技术的广泛应用。

假设存在两个地区,一个地区经济增长潜力巨大,治理有效,环境宜居,营商环境优越;而另一个地区治理不足、腐败滋生、自然环境恶劣、营商环境恶化。在这种情况下,民众可能会选择迁移到条件更好的地区。因此,建立一种共享投票机制,使当地官员感受到工作不力将导致民众流失和政府税收减少,这同样是市场经济调节经济高质量发展的体现。然而,市场并非完美无缺,因此在市场经济中,应如十八届三中全会至十九大以来所强调的,形成一个市场在资源配置中起决定作用的体系,同时政府也应更好地发挥其作用。

在探讨政府作用的发挥时机时,我们必须深入剖析市场的固有缺陷。这些缺陷主要源自两大方面:外部性和公共性。对于像中国这样的庞然大物,这两方面的挑战尤为突出。

第一,让我们聚焦于外部性。以长江大保护为例,若缺乏中央层面的有力协调与统一要求,长江上游的省份可能会忽视其污染行为对下游地区的潜在影响。这是因为污染的负面后果往往由下游的居民和政府来承担,而上游地区则独享经济增长的红利。这种跨界外部性现象,无疑凸显了环境治理中中央政府统一标准与要求的必要性。通过中央政府的统一协调,我们可以确保污染排放标准和环境治理标准得到严格执行,从而有效应对这一跨界挑战。

第二,公共性问题同样值得我们关注。基础设施作为公共品的典型代表，在中国体制优势中扮演着举足轻重的角色。然而，基础设施的建设与运营若缺乏网络化，其商品流通功能将大打折扣。因此，为确保基础设施的有效利用和跨界共同体的顺利运作，国家必须采取统一行动，构建完善的基础设施网络。这不仅有助于提高资源配置效率，还能促进地区间的经济合作与共同发展。

统一标准在市场的健康发展中扮演着至关重要的角色。若各地区在市场监管、税收等方面存在标准差异，将导致资源向监管较松、税收较低的地区流动。这种现象不仅扰乱了市场秩序，还可能引发逐底竞争，对国家的高质量发展构成威胁。因此，建设统一大市场，确保标准的统一性和执行力度，对于维护市场公平竞争、促进经济健康发展具有重要意义。

在跨国比较中，我们可以看到美国、欧洲和中国这三大经济体在一体化程度上存在显著差异。美国凭借其劳动力流动自由、全国收入保障一体化以及通用的英语语言，实现了较高的国内经济一体化水平。相比之下，欧洲虽在贸易和投资方面实现了一定程度的自由化，但由于宗教、语言和文化差异等因素的制约，其一体化进程仍面临诸多挑战。中国作为一个多民族国家，尽管存在地区差异，但大部分人口居住在汉族为主的地区，语言、文化和饮食习惯相对统一，为国内经济一体化提供了有利条件。然而，与美国相比，中国虽然在一体化方面取得了一定的成就，但程度仍有提升空间。因此，在当前背景下，建立统一大市场、促进市场一体化，对于中国经济的高质量发展具有重要意义。

中国在推进统一大市场建设中，提出了一系列目标和要求。

首先,致力于实现市场技术制度与市场监管的统一,其中涵盖市场准入的全国一体化、公平竞争环境的营造以及社会信用制度的完善。其次,强调要素和资源市场的统一,这包括土地和劳动力市场、资本市场、技术和数据市场、能源市场以及生态环境市场等多个关键领域的协调与整合。最后,商品服务市场的高水平统一亦是不可或缺的一环,涉及商品质量体系、计量标准与体系的统一,以及消费服务质量的提升。

尽管这些目标设定得相当明确,但在实际推进过程中,仍面临着诸多障碍和挑战。统一大市场的构建,本质上是为实现无障碍的大循环提供坚实的制度保障。然而在这一过程中,地方政府的行为成了一个尤为突出的制度和观念性障碍。尽管有一种观点认为地方政府的行为有助于促进经济增长,但从深入的经济学分析来看,情况并非如此简单。

就要素积累而言,当前中国经济发展正面临着人口红利逐渐消退的困境。这意味着地方政府已无法再单纯依赖人口增长等要素积累来推动经济增长。而且,在投资领域,虽然近年来有所调整,但长期以来形成的投资过度问题依然严重。地方政府为追求短期内的经济增长和税收增加,往往过度投资,但这种投资往往缺乏足够的效率,导致地方政府债务问题日益凸显。

具体而言,地方政府间的竞争导致了国内投资过度现象,中国经济呈现出一种以投资拉动的净增长模式,这种增长方式实际上是不可持续的。当前,国内部分地区已经出现了人口外流的现象,基础设施并非不足,而是存在投资过度的问题。例如,虽然高速公路建设得十分完善,但车流量却相对较小,最终导致了地方债务问题的加剧。此外,地方政府在投资方面更倾向于工业园区的建设，而对于民生领域如教育、医疗、社会保障等方面的投入则显得积极性不高。这种发展方式过于强调经济增长指标，而忽视了其他重要问题，导致经济发展呈现出单维化的特点。

此外，土地问题也是制约统一大市场建设的重要因素。在中国城市化进程中，土地城市化的速度往往快于人口城市化，这导致一些城市出现了高房价问题，而一些地区则因人口流失和需求不足，造成了大量工业园区闲置和房地产库存积压。这种不均衡的土地利用状况，不仅影响了市场的统一性和效率，也给地方政府的财政状况带来了巨大压力。

从全局视角来看，地方政府以促进经济增长为目标的投资、土地融资和借债等行为，实际上往往导致了一种低质量、短视的发展模式。这种发展模式过于关注短期的GDP增长，而忽视了长期的可持续发展和生产效率的提升。这种发展模式还可能导致市场分割和资源错配，进一步制约了中国国内大循环的顺畅进行。

更为严重的全局性问题在于国内市场分割现象的存在。自20世纪90年代以来，早期研究就指出中国国内市场分割程度几乎相当于欧盟国家间的水平。虽然后来有研究发现市场整合趋势逐渐加强，但遗憾的是，最近的研究显示，自2005年以来中国又出现了新一轮的地方产业同构现象，这显示出各省之间并未形成畅通的国内大循环格局。这一背景凸显了当前促进国内统一大市场建设的重要性和紧迫性。

最近的研究进一步揭示了中国市场分割的现状。在同一省内，例如南京，随着城市间距离的增加，车流量呈现出递减的趋势。南京到镇江的车流多于南京到常州和无锡的车流,这主要是由于南京与镇江之间的地理距离较近。然而,当两个城市不属于同一省时,如南京到合肥的车流则更少,这充分表明省与省之间存在着市场分割现象。

通过对比研究发现,两个不同省之间相距 200 千米的城市间的车流相当于省内相距 300 千米城市间的车流。这意味着省的边界在交通流量上相当于 100 千米的实际距离。因此,尽管中国表面上是一个统一的大市场,但实际情况并不乐观。各省市场在一定程度上呈现出"独立小王国"的特征。

因此,要实现建设统一大市场的宏伟目标,我们必须深刻认识到地方政府行为所带来的障碍和挑战。我们需要通过深化改革、加强监管、优化政策等手段,逐步克服这些障碍,推动市场技术制度、市场监管以及商品和生产要素的统一。只有这样,我们才能真正实现经济的高质量发展,提升生产效率,为构建更加开放、包容、高效的统一大市场奠定坚实基础。

农业社会遗留的观念障碍

除了体制上的障碍外,我们还面临着传统农业社会遗留下来的三种观念性障碍。

第一是关于平均与平衡的问题。在构建全国统一大市场的背景下,人们频繁提出疑问:"统一大市场后,欠发达地区是否将失去发展机遇? 我们的生产要素资源是否会被发达地区吸引过去?"然而,经济资源的均匀分布与现代经济所要求的规模效应和集聚机制相矛盾。现代经济学告诉我们,经济资源集中在少数地区能够产生更高的生产率。因此,平衡发展并非追求资源的均匀分布，而是在经济资源集中的同时实现人均意义上的平衡。

集聚现象作为经济发展的重要驱动力，其带来的效益与潜在问题同样显著。众多观察者指出，尽管经济学家普遍强调集聚对于提升效率的积极作用，但同时也不能忽视其可能引发的负面影响，如城市病与潜在风险。任何经济现象都具有两面性，集聚亦不例外。在理想状态下，如果城市化和集聚过程无须付出任何代价，全球人口可能会过度集中于某一区域，然而现实中这种极端情况并未发生。相反，集聚在释放巨大生产力的同时，也必然伴随着一系列挑战，如高房价、交通拥堵以及工业化时期的污染问题。

当前，中国正处于集聚效应逐渐显现的阶段，但值得注意的是，集聚的潜在好处尚未得到充分发挥，而其潜在问题却被过度放大。当集聚现象引发一系列问题时，我们应致力于解决问题本身，而非简单否定集聚现象。例如，通过实施有效的环境治理和交通管理措施，我们可以缓解污染和拥堵问题，同时保留集聚带来的经济效益。

第二是关于移民问题，我们需要区分国际移民与国内移民的不同情境。国际层面上的移民问题，如欧盟和美国对特定国家移民的限制，主要涉及跨国界的人口流动。而在国内大循环的语境下，我们主要讨论的是国内劳动力的自由流动，这是构建统一大市场的关键要素。劳动力的自由流动至少能带来四个方面的益处：首先，它提升了劳动力资源的配置效率，有助于实现更美好的生活愿景；其次，它促进了城乡和地区间差距的缩小，推动经济均衡发展；再次，劳动力的自由流动体现了"用脚投票"

的机制,为政策制定提供了重要的市场信号;最后,它有助于形成统一货币区,加强经济一体化。

尽管当前仍面临制度和观念的障碍,但中国统一大市场的形成趋势已日益明显。车流数据等实证资料表明,以城市群为空间载体的经济发展格局正在逐渐形成,如京津冀、长三角、珠三角以及成渝双城经济圈等。这些城市群不仅在国内经济中占据重要地位,也显示出中心城市在区域经济中的辐射带动作用。此外,沿海地区由于国际贸易的便利条件和水运成本的相对优势,其经济发展动力依然强劲。在充分发挥集聚效应和推动劳动力自由流动的同时,我们也应关注并解决由此引发的问题,以实现更加均衡和高效的经济发展。

中国城市的经济规模与其距离沿海大港口的远近呈现出显著的关联性(如天津、上海和深圳)。一般而言,距离大港口越远的城市,其经济规模相对较小。这一地理因素在很大程度上解释了中国城市间经济规模差距的原因。以上海为例,其地处长江入海口及亚太城市带的核心位置,地理条件极为优越,因此其经济发展在全国具有显著地位。基于上海的地理优势,可以预见其未来经济地位不会发生大的变化。

第三是关于人口流动问题,这也是当前中国经济发展中的一个重要现象。人们"用脚投票",实际上是在选择更适合自己发展的地方。根据第七次人口普查数据,中国的人口增长趋势呈现出明显的地域差异。沿海地区及大城市周边的人口呈现正增长,而中部、西部及东北地区则出现人口负增长,尤以东北为甚。在地级市层面,约有 40% 的城市出现了人口负增长。然而,这并不意味着这些地区的经济发展停滞。随着国内大循环的建立，资源将在国内进行更有效的配置，人口将流向更具经济增长潜力和就业机会的地区。在区县层面，人口向中心城区的集中趋势尤为明显。例如，在哈尔滨这样的城市中，尽管整体人口呈现负增长，但中心城区的人口却是呈正增长趋势的。

总　　结

当前，中国正经历着空间格局的大变局，人口流动主要集中于沿海大城市和中心城区。在东北，这种趋势表现为集中式收缩，即人口从大范围地区向中心城区和少数大城市集中。同样，苏北、皖北、皖南和广东外围地区也呈现出向中心城区集中的态势。这种人口流动模式可能会引发对区域间不平衡发展的担忧。然而，通过对比中国、美国和日本等国家的城市间 GDP 总量差距，我们发现，随着现代化进程的推进，经济往往更加集中在少数地区。以美国为例，其经济和人口都高度集中在少数地区，这在一定程度上验证了经济集中化是现代化进程中的普遍现象。因此，在中国推进国内大循环的过程中，区域间的不平衡发展可能是现代化进程中的必然现象，这需要通过政策调控和市场机制来加以平衡和优化。

通过数学模型分析，可以得知当一国的经济及人口高度集中于少数地区时，地区间的人均差异往往较小。以美国为例，其经济和人口的高度集中特性使得地区间人均 GDP 差距较小，这体现了集聚效应在推动经济平衡发展中的作用。这与我国"十四五"规划中强调的"在发展中促进相对平衡"的理念相契合。观察日本的情况，尽管其 GDP 和人口的集中程度不及美国，但两者同步集中的趋势使得日本地区间人均 GDP 差距也较小，其至在某些方面低于美国。然而，对于我国而言，虽然人均 GDP 集中程度已达到日本的水平，但人口集中程度却低于日本和美国，GDP 的集中程度也低于它们。这种经济集中而人口未充分集中的现象，导致我国地区间人均差距较大。因此，不能简单地将地区间差距归咎于经济集中，而应当关注人口流动的不足。值得欣慰的是，我国人均 GDP 和人口集中程度正在逐步提升，这意味着地区间人均 GDP 差距正在逐步缩小。这一趋势表明，我国经济在发展中正逐渐趋于平衡。这也解释了为何我国坚定推进统一市场建设，旨在通过市场力量进一步促进经济平衡发展。

早在 2020 年，中共中央、国务院便联合颁布了旨在推动生产要素市场化改革的指导性意见——《中共中央国务院关于构建更加完善的要素市场化配置体制机制的意见》（以下简称《意见》）。该意见明确界定了人口与土地这两大核心生产要素的改革导向，为后续的深化改革提供了明确的政策指引。

第一，在土地要素方面，《意见》着重强调了提升土地管理灵活性的重要性，旨在为优势地区的发展提供更为广阔的空间。以上海为例，尽管作为经济高度发达的城市，但仍有约三分之一的土地用于农业生产。未来，随着改革的深入，上海等优势地区有望进一步释放其经济发展潜力，为全国的经济增长做出更大贡献。然而，当前上海在建设用地方面仍存在制约因素，限制了其进一步发展。因此，从国家层面出发，提升土地管理的灵活性，为优势地区提供更多的发展空间显得尤为重要。此外，《意见》还提出在全国范围内特别是在城市群及其中心城市周边，应增加发展空间，并在建设用地配置上探索建立全国性的建设用地和补充耕地指标跨区域交易机制。这一政策导向在随后的全国统一大市场建设指导意见中得到了进一步强调。随着农村人口的大量外流,集体经营性建设用地和宅基地出现了闲置现象。为了有效利用这些土地资源,《意见》提出将闲置的村庄用地和宅基地复垦为农业用地和生态用地,产生的补充耕地指标可以在经济发展较为强劲的地区进行交易,从而实现全国范围内的土地资源优化配置。

第二,在人口要素方面,当前中国的户籍制度改革已进入关键阶段。城区常住人口规模在500万以下的城市,已基本实现了户籍制度的自由化;但在特大和超大城市,户籍制度改革仍面临诸多挑战。指导《意见》明确提出了进一步深化户籍制度改革的任务。具体而言,目标在于调整和完善积分落户制度,使其更加符合实际居住年限和社保缴纳年限的实际情况,同时降低教育水平对积分的影响,以便为农民工等群体在城市中安居乐业创造更为公平的环境。此外,《意见》还提出在条件成熟的城市群内部,探索实现户籍准入年限同城化累计互认的政策,这将有助于促进人口在城市群内部的自由流动。例如,在长三角地区,如果一个人在南京工作两年后转到苏州工作三年,然后又到杭州工作,他之前的工作年限可以累积并用于在杭州的积分落户。这一政策的实施将极大地促进人口的自由流动和迁移,使户籍制度逐渐转变为一种常住地的居住登记制度,实现户籍与公共服务的脱钩。然而,这一目标的实现还需依赖国家层面推进改革的力度和速度,我们期待在未来能够看到更为显著的改革成效。

从根本上讲,深化现代国家治理体系的改革已刻不容缓。

这一改革涉及多个核心领域,其中最为关键的是重塑地方政府的行为模式与激励结构。目前,中央对地方政府的改革策略日趋丰富与多元,旨在引导地方政府摒弃过度追求经济增长的单一目标,特别是在那些发展条件相对薄弱的地区。同时,问责制度的严格实施也有效遏制了地方政府过度举债、盲目扩张的行为,确保了债务风险的可控性。在此基础上,改革必须着力打破刚性兑付的惯性思维,逐步构建一个更加市场化、规范化的运行机制,从而消除中央对地方政府的无限责任预期。这要求地方政府和国有企业摒弃过度依赖中央救助的心态,根据自身实际情况和市场规律自主决策、自负盈亏。尽管一些陷入困境的国有企业仍在为地方经济提供一定的税收和就业支持,但长期依赖中央输血并非可持续发展之道。

中央政府在协调地方发展时,尽管面临着信息不对称等多重挑战,但仍需充分发挥其机制优势。统一市场的建设并非意味着削弱地方的灵活性,而是在确保统一监管和市场标准的前提下,为地方政府保留足够的政策空间和自主权。例如,深圳作为社会主义先行示范区、上海浦东作为社会主义现代化引领区,都在中央的统一市场框架下获得了更多的地方立法权和政策灵活性,这体现了中央统一市场与地方灵活性之间的有效结合。

完善市场体制是畅通国内大循环的关键所在。这要求我们充分发挥价格机制在调节生产要素配置中的基础性作用,促进劳动力、建设用地指标、资本等要素在不同地区、不同行业、不同部门乃至不同企业之间的自由流动。同时,打破刚性兑付的一个重要目标就是使资本市场上的价格信号,如利率等,能够更真实、更准确地反映融资主体的风险和回报能力,从而引导资本向更高效、更有潜力的领域流动。此外,随着数据成为新兴的重要生产要素,建立全国性的数据交易和使用体系也显得尤为重要。这需要我们加强数据安全保护,推动数据共享与开放,促进数据资源的有效利用和价值挖掘。

第三,保护产权是建设统一大市场的重要基石。当前,一些地方在市场监管过程中存在侵犯民营企业产权的现象,这严重制约了市场经济的健康发展。因此,我们必须加大产权保护力度,完善相关法律法规和制度体系,确保各类市场主体的合法权益得到充分保障。同时,通过法治手段进行市场监管也是维护市场秩序、促进公平竞争的必要手段。深化现代国家治理体系的改革是一项系统工程,需要我们从多个方面入手,协同推进。只有这样,我们才能构建一个更加高效、公平、可持续的市场经济体系,为国家的长远发展奠定坚实基础。

(根据陆铭 2022 年 4 月 21 日授课内容整理)

【教学答疑】

青年教师:陆老师,我有一个问题想要请教您。关于全国统一大市场这一议题,我认为在向学生传授时,不宜直接引入中央的重要文件或反复强调其重要性。对于大一、大二的学生而言,他们更需要的是直观、易于理解的案例来帮助他们建立对这一概念的基本认知。因此,我想请教您,在导入这一议题时,是否有一些建议或指导,能够帮助我们在备课时选取那些既具有代表性又易于学生理解的事例?

陆铭:为引导学生深入理解全国统一大市场的重要性,我建议可以采用以下两个问题作为教学切入点。

　　首先,可以提问学生:"如果你身处一个国家,观察到这个国家每个地区都在建设工业园,你如何评价这一现象? 这是否意味着国家经济的健康发展?"这一问题旨在帮助学生建立起对分工概念的理解。实际上,如果一个国家遍地都是工业园,那么这可能反映出该国在产业布局上缺乏明确的分工与合作。中国过去曾面临类似情况,每个县都竞相发展工业,这种"无工不富"的观念在地方层面被过度解读,导致产业重复建设、资源浪费等问题。此时,可以进一步追问学生:"如果每个地区都发展工业被视为好事,那么为何像美国、日本和欧洲等发达国家并未采取同样的策略?"

　　然后,可以提出第二个问题:"你们是否认同世界各地经济发展条件存在差异这一客观事实? 如果你们承认这一点,那么假设你出生在一个发展条件相对较差的地区,比如山区,你认为应该如何实现经济繁荣?"通过这个问题,引导学生思考劳动力流动作为一种可能的解决方案。当学生提出劳动力流动的想法时,可以进一步追问:"如果这个国家存在一个限制劳动力流动的制度,那么会带来怎样的后果?"这样,学生可以深刻体会到劳动力流动对于促进经济发展和缩小地区差距的重要性。

　　通过这些例子,可以帮助学生逐步理解全国统一大市场的重要性。在讲述过程中,还可以结合具体的案例进行分析,如土地资源利用问题,引导学生思考:在人口密集的地区不建设足够的住房,而在人口稀少的地区却过度开发房地产,这将导致资源错配、房价失衡等问题。通过这些实例,学生可以更加直观地感受到统一大市场对于优化资源配置、促进经济协调发展的关键作用。

【拓展阅读】

陆铭指出,要理解加快建设全国统一大市场的必要性,就要首先理解国家发展的目标。当前中国加快建设全国统一大市场,在根本上是国家治理方式的改革,要从提高城市化率、推进国家治理现代化、改革央地关系、完善市场经济机制等方面入手,通过生产要素市场的一体化和统一市场体系来进一步建设统一大市场,使得"大市场"变得更强,使得中国发展能够充分发挥全球最大市场之一的大国红利。陆铭进一步认为,促进全体人民共同富裕,不仅体现了以人民为中心的发展思想,还将促进共同富裕与实现人的全面发展高度统一起来,不断筑牢实现人的全面发展的基础,为人类社会实现人的自由而全面发展作出中国贡献、提供中国启示。在《在构建统一大市场中实现共同富裕》一文中,陆铭分析道:

随着打赢脱贫攻坚战、全面建成小康社会,中国已经到了扎实推动共同富裕的发展阶段。中央财经委员会第十次会议强调,"共同富裕是社会主义的本质要求,是中国式现代化的重要特征,要坚持以人民为中心的发展思想,在高质量发展中促进共同富裕"。关于什么是共同富裕目前已经初步形成共识。共同富裕不是整齐划一的平均主义同等富裕,而是要在不断做大蛋糕的基础上,分好蛋糕。然而,关于实现共同富裕的具体路径和做法,尤其是如何"在高质量发展中促进共同富裕",则仍然尚未形成统一认识。当前仍存在一些看似促进共同富裕却有损国家经济的高质量发展的做法,而这主要是由于对中国当前地区和城乡差距的起点认识不足,并且在讨论中缺乏空间均衡的整体框架造成。在这一背景下,本文基于空间均衡的视角,对当前存在的地区间人口和经济差距的趋势进行分析,强调了当前存在的明显地区差距主要是因为人口空间布局调整滞后于经济活动空间布局调整。因此,应该进一步推动构建统一大市场,促进人口的合理流动和高效集聚,从而推动中国走上"在集聚中走向平衡"和"在发展中营造动态平衡"的共同富裕之路。①

① 陆铭、李鹏飞:《在构建统一大市场中实现共同富裕》,《社会科学辑刊》,2022 年第 6 期,第 109—118、209 页。

程竹汝

解读全国两会精神，
讲好全过程人民民主

【专家简介】

程竹汝，复旦大学政治学博士，上海交通大学教授，博士生导师，中国政治学会副会长，上海市社会科学创新基地首席专家，上海市政协理论研究会副会长；主要从事政治学理论和政治制度的研究，在三十余年的学术研究中，依次集中对当代中国政党制度、人大制度、行政制度、协商民主制度、司法制度进行了较系统的研究，在上述每个领域都有集中、系统的研究成果，是国内少数几位有影响的跨政治学和法学的学者；主持完成和在研国家哲学社会科学基金项目6项(重大项目1项，重点项目2项，一般项目3项)，上海市哲学社会科学基金项目10项，以及市人大、市政协、市教委等重大招标项目10余项；出版学术专著10部；发表学术论文140余篇；获得上海市哲学社会科学优秀成果一等奖、二等奖数次，全国党校系统优秀研究成果二等奖2次，中国政治学会和上海市社联优秀论文奖10余次；决策咨询成果被国家领导人等批示若干次。

【内容提要】

"全过程人民民主"是对中国特色社会主义民主的特色和优势的新概括。程竹汝教授从全国两会这一人民民主的制度载体和实践视角出发,对全过程人民民主重大理念的提出、科学内涵、实践要求、理论建构、战略意义等作了深入解读。全过程人民民主不仅是一种理论概念,更是中国政治实践的重要遵循。理解全过程人民民主,有助于深入领会中国特色社会主义的本质特征,提升思政课教学的针对性和深度。

【专题解读】

全过程人民民主重大理念进入教学是高校政治课的一个现实要求。怎么在我们的教学中有说服力地展开这个理念,我想下面几个方面是需要的。

全过程人民民主概念的形成

从这个理念形成的过程来看,2019 年 11 月 2 日,习近平总书记在上海市长宁区虹桥街道考察时,提出"人民民主是一种全过程的民主"的新论断;后来在庆祝中国共产党成立 100 周年的"七一"讲话中,把它进一步提炼为"全过程人民民主"。这两个论断的逻辑指向是有所差异的。"人民民主是一种全过程的民主",它的逻辑指向是要把人民民主这样一个关于中国民主性质上的长期概括转换成一种实践形态的概括,就是把我国民主政治的人民属性和它的实践形式即全过程的形态、把我们对民主的定性和民主的实践打通了来解释。这个论述所强调和追求的意义在于：确立人民民主基本的实践形式，并在此基础上形成人民民主的话语权。到了"七一"讲话中对全过程人民民主的理论概括，重心是把我国民主的属性和民主的实践形式完全融合为一体。它的逻辑指向就不仅仅是要确定话语权，而且要通过对民主实践形式的强调即民主的全过程性，将这一重大理念从逻辑上进一步提升到新时代政治建设的总的要求上来。也就是说，全过程人民民主这个重大理念主要有两个意义：一方面是基于对我们民主全过程独特实践属性的揭示，来确定我们民主的话语权；另一方面也是更重要的，是给我们新时代政治建设提供一个最主要的遵循和要求。如果从这个理念形成的过程来看，这两个基点是老师们都应该了解到的。

接下来，也就是在 2021 年召开的中央人大工作会议上，习近平总书记的讲话对全过程人民民主的内涵做了比较全面的阐发。所以老师们要讲全过程人民民主，这个讲话一定要看，它涉及的内容很多，包括坚持和完善人民代表大会制度的一系列的内涵和要求等。就全过程人民民主来说，这个讲话回答了三个问题，一是民主的一般标准问题；二是"真民主"的标准问题，即"八个能否"；三是"好民主"的标准问题。

全过程人民民主的特征

在这个讲话中，习近平总书记对全过程人民民主有了一番比较精炼的概括，即全过程人民民主具备全链条、全方位、全覆盖的特征。全链条讲什么？怎么理解全链条？其实全链条长期以来在我们党的文献中就有所蕴含，比如十六大对民主政治的四个环节的概括。大家都知道今天强调的民主的五个环节——民主选举、民主协商、民主决策、民主管理、民主监督，就是在以往四个环节的基础上形成的。如果形象地来说，全链条就像自行车的链条一样，是由各个特定的环节构成的，必须形成完整的链接。全链条指的就是这五个环节。这五个环节连接得好，民主就呈现得好；连接得不够好，民主的呈现就会不那么全面。

至于全方位，目前学界对此有不同的看法。人民民主是一种全方位的民主，这个方位怎么理解呢？首先，你的立足点在哪里？也就是这个方位的中心在哪里？关于这个有不同的解释。有人认为，这个中心是中国共产党，所以全过程人民民主的中心是中国共产党。有的学者就此发了文章，但是我个人认为这个观点有待商榷。全过程人民民主这个全方位，其中心应该在于人民。习近平总书记也说得很清楚，以人民为中心。以人民为中心来解释全方位的民主，主要涉及三个关系，那就是人民和党的关系，人民和国家政权体系的关系，人民内部各阶层、各民族、各地区人民之间的关系。所以我认为全方位是将民主的要求以人民为中心投射到不同的关系与领域，在各个领域的不同关系中间，都必须贯彻民主的原则和要求。

全覆盖在学理上较容易理解，它揭示了关于我们国家的民主、人民民主的一个基本特征，也是长期以来我们关于人民民主的基本定位和解释。一定意义上来讲，我们的民主从来都不是为民主而民主，从来不是为政治而政治的。这里讲的全覆盖即民主不仅涉及政治领域，更涉及经济领域，特别涉及民生领域。也就是说，这个全覆盖是要覆盖到国家事务和社会事务的方方面面，而不像其他的民主形态主要就在政治领域。

所以，全链条、全方位、全覆盖是理解全过程人民民主的一个方面。

另外一个方面的理解是最广泛、最真实、最管用。这个概括在十九大报告中被提及。习近平总书记在中央人大工作会议上的讲话，重申了全过程人民民主是一种最广泛、最真实、最管用的民主。最广泛指的是最广泛的人民政治参与，参与包括几个维度，一个是主体的广泛性，也就是参与的主体极其广泛；另外一个是参与事务的广泛性，和刚才讲的全覆盖有交叉。至于最真实和前面讲的全覆盖、全方位、全链条又有非常直接的联系，其突出强调人民要真正地实现当家作主，而不仅仅是强调形式上的权利。最真实在这里还应该特指一点，即强调我们的民主一定是要把它转换成民生的，是要人民获得实实在在的利益的，而不仅仅是一种权利形态的民主。所以最真实在这里很能体现人民民主的一个特色：我们这么一个人口大国，发展民主一定要聚焦民生的需要。最管用是一个经验性的判断，即回到历史上来看，经过几十年的实践，我们遵循的这一套民主的制度和形式，最有利于实现人民的利益，最有利于实现中华民族的伟大复兴。习近平总书记关于人民代表大会制度的三个"有效保证"的论述，其实和最管用是直接相关的。这三个"有效保证"分别是：第一个，坚持中国共产党领导、坚持马克思主义国家学说的基本原则，适应人民民主专政的国体，有效保证国家沿着社会主义道路前进，这是关于人大制度的一个基本定位；第二个，坚持国家一切权力属于人民，最大限度保障人民当家作主，把党的领导、人民当家作主、依法治国有机统一起来，有效保证国家治理跳出治乱兴衰的历史周期率;第三个,正确处理事关国家前途命运的一系列重大政治关系,实现国家统一高效,组织各项事业,维护国家统一和民族团结,有效保证国家政治生活既充分活力又安定有序。这三个"有效保证",其实就是对最管用的比较全面的阐发。

全过程人民民主的"四个统一"

对于全过程人民民主还有第三个方面的解释,是更加全面、更新的一种阐发,即全过程人民民主是过程民主和成果民主、程序民主和实质民主、实体民主和间接民主、人民民主和国家意志的统一。在这"四个统一"中间,过程民主和成果民主是说什么呢?这是一个新的说法。过程民主指的是政治本身是一个过程,民主也是一个过程,任何政治程序、政治过程与其所追求的目的和成果必须是统一的。全过程人民民主在这个方面,就有比较好的体现,这和我们长期以来强调的制度自信是相关的。制度自信有一个很重要的客观前提,就是今天国家治理的成就,包括经济、政治、社会、文化各个方面巨大的发展成就,也就是成果。所谓成果民主,主要讲的是我们的发展成果,当然也包括人民权利在这个过程中的不断发展,比如说"人民四权"即知情权、参与权、表达权、监督权的发展。成果民主要从一个系统的意义上去理解,既包括经济发展的成就,也包括政治进步的成果,以及社会、文化各个方面的发展成果。所以说,全过程人民民主是过程民主和成果民主的统一,就是我们的人民民主不是只强调过程或成果的,而是把过程和结果始终结合在一起的,这是一个新的提法。

关于程序民主和实体民主，这是长期以来政治理论和实践领域里面的老概念了，我就不特别展开了。

直接民主和间接民主的统一，是全过程人民民主这样一个重大理念的特点之一。近代以来，人类社会的民主的进展受到西方中心的影响，基本是按照代议制民主或者间接民主的逻辑展开的，这个毋庸置疑，我们国家也是如此。我们的人民代表大会制度，本质上也是一种间接民主的形式。但全过程人民民主的独特的实践形态，就在于实现了间接民主和直接民主的有机结合。直接民主在我们国家不仅表现为直接选举即基层人大的直接选举，更重要的是还表现为我们广泛地参与，主要就是我们的协商民主。党的十八大以来，在政治建设领域里面非常突出的一个战略就是推进协商民主广泛多层制度化的发展。协商民主是有组织参与的一种形式，从而也是一种直接民主的形式。我们可以假定，如果没有协商民主大范围、体系化地进入政治过程中，我们今天的全过程人民民主是概括不出来的。所以直接民主和间接民主相结合，从实践领域的表现来看，真正地呈现出了我们的民主的特点。

至于人民民主和国家意志的统一，强调的是民主的本质问题。在现在的时代，民主的程度其实表现为公权力和民众的集体意志的适应性，即公权力在多大程度上能和民众的集体意志相适应。人民民主和国家意志相统一是围绕着这么一个逻辑展开的。人民民主的内涵即人民的集体意志及其实现，这一集体意志向国家意志的转换或二者的统一，体现了人民民主的真谛。把人民的集体意志转换为国家意志构成民主政治的本质要求。

所以，总的来说，关于全过程人民民主的理论阐发，大家要好好读一读习近平总书记 2021 年在中央人大工作会议上的讲话。围绕这个讲话,要把它理解得比较全面,就要回答上述三个问题:第一个是如何理解全链条、全方位、全覆盖;第二个是如何理解最广泛、最真实、最管用;第三个即如何理解过程民主和成果民主、程序民主和实质民主、直接民主和间接民主、人民民主和国家意志相统一,以及在什么意义上来定义这些统一。

(根据程竹汝 2022 年 3 月 27 日授课内容整理)

【教学答疑】

青年教师:在讲座的结尾部分,您特别强调了公权力与人民民主之间的适应性,这一点我深感其重要性,相信也是众多学生所关注的焦点,并且经常引发深入的探讨。因此,我希望能进一步了解。您能否通过具体的实例来详细解释,公权力与人民的民主是如何实现相互适应的?这样的实例将有助于我们更直观地讲解这一抽象概念,并深化对其内涵的把握。

程竹汝:在我看来,要把民主问题说清楚,无论是什么民主,都是要解决两个问题:一个是解决怎么组织政权,另外一个是怎么凝练公共政策。这两个问题解决的程度和方式不同,表明了世界各国民主实现形式和形态,以及民主实现程度的不同。我们今天观察世界各国的民主,包括观察我们自己的民主时,这也是我们的理论基础和前提。

我们要给学生讲清楚这个问题,就难以避免要对比论证,既要讲西方民主的表现特征,又要讲我们自己的人民民主。近代以来,西方世界形成了多样态的政治体制,比如说英国的君主立宪制,法国、德国的议会制,美国的总统制等等,形成了多样态的政治体制。但是，在民主政治形态上，他们则有着共同的特征，就是通过竞争性的选举制度，同时解决我们刚才说的那两个民主的本原性问题或者基本问题，即组织政权和政策选择。这在西方世界各个国家，尽管他们的政治体制不一样，但他们的各选举政党都会提出候选人，由民众选择候选人，这个候选人背后代表的是一套政党的政策。

就以美国为例，担任过总统的特朗普、拜登，在美国都是年龄比较大的政治家。美国人为什么会选择这样两个老人来当总统呢？并不是美国人喜欢老人政治，而是因为这两个老人背后代表着独特的一套政策，而且这两套政策有非常大的不同。也就是说，在西方的民主形态中，解决组织政权和解决政策选择两个问题是融为一体的。所以，我们可以形成这样的概括：在西方世界，多党竞争现实性上表现为围绕候选人所代表的政策偏好的竞争；候选人与政策融为一体，民众在进行政策选择的同时，通常也实现了公权力的授权。总之，通过竞争性选举这一套制度，同时解决两个民主的基本问题，构成了西方民主形态的典型特征。

如果大家同意对西方这个民主特征的分析的话，那再来看看我们国家的全过程人民民主的基础在哪里。我们和西方的民主形态不同，对刚才说的两个民主的本原性问题，我们解决的制度机制与西方存在着非常大的不同。这个不同主要表现为：对那两个问题的解决，西方是通过一套竞争性的选举制度解决的，而我们是通过不同的制度机制解决的。组织政权我们是通过选举解决的，这和西方是一样的，但是我们的选举制度和选举实践，无论就人民代表大会的选举还是党内的选举，都只解决选人问题即组织权利的问题,而不解决政策问题。也就是说,我们国家的选举制度和政策选择没有直接的关联。那我们的政策选择的问题怎么解决呢?今天之所以概括成全过程人民民主,是因为基于这样一个制度机制:我们的政策选择是通过广泛有序的协商和参与制度解决的,而不是通过选举解决的。

这就是人民民主能够形成全过程状况的制度基础,也是对你所提出的问题的一个回答。

【拓展阅读】

程竹汝紧密围绕习近平总书记的讲话精神,系统而深入地阐释了全过程人民民主的核心要义和基本特性。此外,深入探究我国民主政治实践的独特特征,对于增进对人民民主真谛的理解具有不可或缺的重要意义。人民代表大会制度作为全过程民主实践的主要途径,其履职过程中所展现的民主机制,无疑为"人民民主是一种全过程民主"的论断提供了坚实的实践支撑。程竹汝提出,全过程民主不仅是一个精准描述民主实践特征的概念,还是一个具有规范性价值的民主范畴,它深刻揭示了我国民主实践的内在逻辑和时代价值。在《人大制度内涵的充分展现构成全过程民主的实践基础》一文中,程竹汝认为人民代表大会制度是全过程民主实践的主渠道,并从三个方面论述了人大履职实践中的全过程民主:

第一,议题设定。无论是立法还是监督,其议题的形成都可以看作是人大决策过程的起始阶段。在长期的履职实践中,这一阶段的民主机制不断健全,业已形成的主要机制有：面向社会的议题征集、人大组织的立法调研、代表或民间立法建议、议题听证、议题协商、议题专家评估、议题论证等。这些民主机制是人大履职体现全过程民主阶段性的重要形式。议题反映社会普遍需求的程度一般地影响着随后的决策过程及政策质量。近年来，许多地方人大在立法和监督议题的形成过程中，积极探索有效的民主机制，形成了民众广泛参与同人大履职组织化过程的有机结合，并普遍建立了相应的制度安排。立法项目征集和论证工作规范普遍建立，监督项目类似的工作规范也在积极探索中。

第二，政策方案形成。政策方案是议题内涵的充分展开和规范化，是政策过程中最需要凝聚更为具体的社会需求和智慧的阶段，也是最需要发扬民主的阶段。在人大履职实践中，这一阶段的民主机制主要有：专家咨询、立法听证、立法协商、草案社会公开等。这些民主机制是人大履职体现全过程民主的又一阶段性的重要形式。制度化是这些民主机制现阶段的基本特征。比如，草案社会公开征求意见是人大民主机制由来已久的做法，近年来这一做法的制度化不断得到强化。上海市人大关于民主立法的规定要求："法规草案经常委会第一次审议后，应当及时向社会公开征求意见"；"法规草案向社会公开征求意见的时间一般不得少于十五日。关系改革发展稳定大局和人民群众切身利益的法规草案，可以在常委会第二次审议后再次向社会公开征求意见"。民法典的编纂过程中，全国人大先后10次向社会公开征求意见，累计收到42.5万人提出的102万条意见和建议。

第三,政策实施反馈和监督。现代社会,对已进入实施阶段的政策进行监督和评估,进而不断予以完善是政策过程中最为经常性的现象。对我国而言,在中国特色社会主义法律体系已然形成的条件下,就更是如此。对业已实施的法律进行检查、评估,对国家机关实施法律和履职情况进行监督,是人大极其重要的职责和经常性的工作。在人大履职实践中,这一阶段较具特色的民主机制主要有政策评估、预算监督等,更经常采用的民主机制与议题设定、政策方案形成两个相同的阶段。目前,立法评估已构成许多地方人大固定的工作环节。通过评估为进一步完善法律提供参考。在一些专业性较强的领域,探索第三方专业机构评估是近年来人大履职的一项新做法。评估中更加注重听取公众特别是有关执法部门和法律适用主体的意见,体现了民主的新形式。①

---

① 程竹汝:《人大制度内涵的充分展现构成全过程民主的实践基础》,《探索与争鸣》,2020年第12期,第24—26页。

邓纯东

正确认识和把握"两个大局"

【专家简介】

邓纯东,中国社会科学院大学本科生学业导师、特聘教授、研究员,中国社会科学院"马克思主义理论骨干计划"博士生导师、博士后合作导师,山东师范大学特聘教授。中国社会科学院马克思主义研究院原党委书记、院长,十三届全国政协社会和法制委员会委员,中国政策科学院研究会副会长;主要从事马克思主义与党的基层建设研究;先后在《人民日报》《光明日报》《求是》杂志等发表几十篇理论文章;主持马克思主义研究院每年主办的马克思主义及其中国化系列国内论坛 10 余个,国际论坛 3 个;主编《中国特色社会主义理论"新思想 新观点 新论断"研究丛书》(6 本)、《社会主义核心价值观丛书》(12 本)、《中国梦与中国特色社会主义研究丛书》(10 本)、《"中国道路为什么能成功"丛书》(10 本)。

【内容提要】

《中共中央关于党的百年奋斗重大成就和历史经验的决议》全面总结了中国共产党坚持将马克思主义基本原理同中国具体

实际相结合、同中华优秀传统文化相结合,不断推进马克思主义中国化的百年历程,实现了马克思主义中国化新的飞跃,彰显了马克思主义的强大生命力。邓纯东围绕"正确认识和把握'两个大局'"这一主题,指出理解和把握"两个大局",必须透过"世界变局"看到中国的制度优势。他还强调,要树立世界眼光和战略思维,从全局高度理解和把握"两个大局"的深刻内涵和关键要义。总之,邓纯东就21世纪以来的国际新形势、新变化,对"两个大局"提出的理论内涵和时代意义进行了深入解读和阐释,为全体教师上了一堂生动的"形势与政策"课。

【专题解读】

在重要历史时刻和重大历史关头,党的十九届六中全会审议通过的《中共中央关于党的百年奋斗重大成就和历史经验的决议》(以下简称《决议》),全面总结党的百年奋斗重大成就和历史经验,使我们从党的百年奋斗中看清楚过去为什么能够成功,弄明白未来怎样才能继续成功。《决议》基本的内容包括两大方面,一方面就是全面总结百年来中国共产党奋斗取得的伟大成就,再一方面就是系统总结了百年来中国共产党取得伟大成就的主要经验。

《决议》的重要成果

《决议》系统总结了中国共产党百年奋斗取得的伟大成就。这个《决议》正式把党我的百年奋斗历程(1921—2021)划分为四个历史时期:新民主主义革命时期、社会主义革命和建设时期、改革开放和社会主义现代化建设时期、中国特色社会主义新时代。

《决议》全面总结了过去一百年中国共产党为什么能够取得如此辉煌伟大的成就,高度概括出了十条最重要的经验。从严谨的角度说,这样的经验其实可以概括出二十条、五十条、一百条,而《决议》所概括的十条是最基本的、最根本的重要经验,当然每一条又可以具体化到若干个细的内容。

党的十九届六中全会正式明确了一个大的概念:马克思主义传入中国以后,中国共产党一直在推进马克思主义中国化、时代化;这个进程和中国共产党整个的奋斗历程是相一致、相协调的。我们党推进马克思主义中国化、时代化的历程,通过三个阶段实现了三次飞跃,形成了三个成果,通过了三个决议。其中,毛泽东思想是第一个理论成果。讲毛泽东思想一定要讲两个问题:一是回答中国革命怎么搞的问题,全面地界定了中国新民主主义革命的性质,涉及带动领导力量等一系列课题;二是在新中国成立后,中国应该建设一个什么样的国家、应该通过什么样的道路走向现代化的问题。毛泽东思想对这个问题的回答就是一定要建立社会主义制度,通过走社会主义道路,来实现国家工业化和现代化,这是马克思主义中国化第一次决议。第二次会议决议形成了以邓小平理论为开篇的中国特色社会主义体系,包括"三个代表"重要思想、科学发展观。第三次决议提出了习近平新时代中国特色社会主义思想,全面回答了我们要搞的是什么样的中国特色社会主义,以及怎样建设中国特色社会主义一系列问题。习近平总书记近几年一直强调做工作一定要把握好"两个大局",一个是百年未有之大变局,一个是中华民族伟大复兴的战略全局。这就是我们的战略。

百年未有之大变局的内涵和表现

世界百年未有之大变局究竟是指什么？有一些文章将其描述成了"百年大变局"。"未有"这两个字少了，意思就不一样了。"百年大变局"指的是二战以后新的规定秩序。但是"百年未有之大变局"，指的是现在 21 世纪初期出现的、过去百年都没有的足以改变世界的格局，足以对人类历史今后的方向形成影响的一些重大的新情况。

第一，以美国为首的西方主要发达资本主义国家，经济危机和社会危机不断加深。

2008 年以来的美国经济危机实际上没有结束。实际上，危机是经济运行的四个周期之一，危机过了以后是复苏、滞胀，然后又进入萧条。从资本主义世界两三百年的历史来看，除了欧洲各个国家，美国过去也经常重复这样一个四个阶段的周期。经统计，这四个阶段尤其是危机阶段，经过最长五年，一般是三到四年，就一定会进入复苏阶段。包括 1929 年到 1933 年那么严重的危机也就是四年，后来就摆脱危机了。但这一次危机从 2008 年到现在一直没有打破，这是为什么呢？经济增长的比例、投资的状况等这些用来判断是否摆脱危机的重要指标都没有达到 2008 年前的水平。2008 年以前，美国的经济增长将近 20 年都在 4% 以上，而 2008 年到现在为止只有少数季度增长超过 3%，而且不断波动，甚至出现了负增长，这两年疫情就不用多说了。所以美国实际上没有摆脱 2008 年的经济危机，这是美国经济危机的第一个问题。

第二个问题，从长远看，美国整个经济脱实向虚现象非常严重。过去我们中国国内有很多经济学家认为中国的经济要向美国学习，要像美国那样将服务业带到整个国内生产总值这条大道，占比达到 70% 以上。现在看来，美国服务业占比这么高，尤其是服务业里面有相当一部分是所谓的虚拟经济，这对整个经济结构来说是非常危险的。美国现在就是这个状况，很多工厂都是制造业全面空虚，整个供应链并不完美。特朗普就看到了这一点，他强调一定要让实体经济和制造业恢复，但是他没做到，他也做不到。

第三个问题是美国政府的巨额债务。美国官方公开数据是 28.5 万亿美元，这是什么概念？去年一年（2020 年）美国国内生产总值不到 21 万亿美元。债务到期以后 28.5 万亿备不出来，美国政府的信用危机和社会崩溃就有可能出现。

第四个问题是美元霸权正在变弱。美国经过两次世界大战确定了其世界霸主的地位，这是靠军事支撑形成的经济上的霸权和美元霸权。通过美元霸权剪世界的"羊毛"，在全世界不断获得超额利润是他们保持经济增长的一个前提。而在百年未有之大变局下，美元霸权正在削弱。原来全世界的外汇结算和国际贸易约 85% 都是用美元来结算的，所以美元真的是名副其实的世界货币。但是现在用美元结算的国际贸易下降到不到 70%，包括伊朗、沙特阿拉伯等石油卖主都不用美元结算。许多以美元作为唯一结算单位的国家也根据这个局势在改变，这证明美元霸权在削弱。

对美国来讲，贫富差距是很重要的社会危机，也是资本主义制度必然经历的结果。在美国，现在是 1% 富有的人拥有超过了 90% 的社会财富。经济危机以来，美国的中产阶级急剧分化,极少数的人走上了富翁阶层,绝大多数中产阶级正在滑向低收入的群体,原来的中产阶级有40%左右在金融危机以后变成低收入的人群,这是美国非常不好的现象。

与此相关的是美国的种族矛盾、种族冲突问题。我们讲的贫富差距现状,主要表现在不同种族的收入差距。这个贫富差距包括社会地位、政治地位的差距。美国的穷人、生活极度困难的人等等绝大多数是黑人。贫穷直接和种族挂钩了,矛盾也因此与之挂钩,美国每年枪击案导致众多家庭、社会的悲剧。去年的弗洛伊德事件导致170多个城市爆发长时间的骚乱,社会秩序严重失序,这个矛盾到最后都没有解决。在美国现行制度下,没有一个人能够解决种族矛盾、种族冲突。从以上美国的各种情况,可以得出一个结论:美国的经济危机、社会危机是空前的。

欧洲的情况主要是以下几个问题。一个是和美国一样的问题,即持续的深度经济危机。欧洲从2009年开始发生欧债危机,持续到现在。

但在社会危机上,欧盟有一点和美国不一样,就是难民问题和非法移民问题。这是欧盟非常头疼的问题,也是在现行欧盟制度之下一个无解的问题。法国全境的阿拉伯非法移民快要与本地居民的数量相当,甚至有一些预测说五六十年以后法国就以阿拉伯人为主体了。法国也意识到这个问题的严重性并想解决这个问题,但在现行制度下也解决不了,法国想平摊移民数量,但很多国家都不干,这个非法移民问题就很难解决。

与此同时,欧洲出现了社会病。就是西方世界反全球化。实际上我们可以把全球化分为两个阶段,早期的全球化和第二次世界大战以后的全球化。这两个阶段的本质和实现方式是根本不同的。两百年前的全球化是什么？两百年前的全球化实际上是从荷兰到英国开始,所有西方资本主义国家利用自己先进的航海技术、利用自己率先工业化的基础、利用自己先进的军事实力走遍世界各地。马克思讲资本主义时说,资本主义的触角走遍了世界各地,资本输出抢占原料生产地。早期的全球化甚至一战以前的全球化,就是西方殖民主义者、帝国主义者对多数国家的掠夺、侵略的全球化。而我们现在肯定的全球化是中国人积极融入的、中国共产党大力倡导的全球化。二战以后有了联合国了,国际政治秩序不能像一百年前、两百年前那样说战争就战争了,联合国和很多国际组织起到相当大的平衡作用。我们2001年加入世界贸易组织,这就是中国全方位融入全球化进程的标志。中国深度融入全球化进程,确实使中国经济发展大大受益。中国是现在全球化最大的受益人,没有之一,所以我们现在要维护全球化。原来的发达国家在全球化中也正在和继续获得很大利益,它们的很多产业链、供应链都必须依赖全球化。

全球是一个统一市场,同类商品售价却大有不同。我在美国买过一个杯子,同样的一个水杯,外形完全一样,中国制造的就是0.99美元,在美国制造的差不多就是4.99美元,欧洲制造的东西也比中国同类商品贵很多。如果定价低了,就挣不到钱,因为他们劳动力的价格奇高,给工人的工资开低了工人就不干了。在欧洲,制造业工人的工资少说也有1 500—2 000欧元,约等于15 000元以上人民币了,中国制造业工人的工资现在也就是五六千元人民币。欧洲如果拒绝了中国制造的商品,人们就只能买欧洲制造的东西,但欧洲制造的东西都是不便宜的,所以为了维持高额垄断利润,他们就关起门来继续保持高额收入,这是反全球化计划。拒绝和中国商品有大量的业务来往,这是违反社会发展规律的。这种社会发展规律叫价值规律,就是一个杯子卖一块钱可以了,而他们非要卖五块钱。反全球化在西方体现得比较复杂,逆全球化的力量还在增长,还比较强大。这就是世界百年未有之大变局,过去是没有的。过去西方人主动把中国纳入世界统一的市场体系,而现在我们已经发展起来了。我们按照同样的规则竞争,我们有自己先进的管理,更重要的是中国人有勤劳、吃苦的精神,我们能够在同样的时间内以较低的价格生产出优质的产品。但他们不干了,两百年前,他们是强行利诱全世界大部分地区依照全球化组建,现在他们觉得全球化对他们不利了,想关门了,这就是百年未有之大变局的体现。

第二,世界经济中心正在由西向东转移。整个世界经济格局过去几百年来一直是西强东弱,是整个西方世界领导全球。但是,现在东方的国际贸易总量、全球产业链和供应链等逐渐超过西方。不光是中国,还有越南、印度尼西亚等国,也都在增长,整个经济中心在由西向东转移。这就是为什么美国政府在政治上谈亚太再平衡战略,因为过去他们的重心是在西太平洋的,是为了解决和欧盟的关系,现在他们的政治战略要放在东边,国际中心由西向东转与经济中心东移的趋势有一定的关系。

20世纪第二次世界大战以后形成了苏联与美国争夺霸权的国际政治格局。30多年前,苏联剧变,苏联美国两霸格局中的一个"霸"垮了,成了"一霸独大"。苏联解体以后,美国独霸世界好几年,但没有超过十一二年。苏联解体时,美国人兴高采烈地认为社会主义制度失败了,资本主义制度胜利了,认为以美国为代表的自由民主制度是人类永恒的制度,当时这个说法风靡全球。很多人得出一个结论:社会主义制度在世界上慢慢就没有了,社会上只有资本主义制度了。但邓小平同志不这样认为,他认为中国共产党人经过总结社会主义发展的经验和教训,坚信社会主义一定会焕发出更大的生命力,一定会焕发出比资本主义更大的优越性。当时,很多人心里都不服气,认为许多社会主义国家都不搞社会主义了,不光是东欧不搞了,后来出现了非洲的第三波民主化浪潮,一些非洲国家都不干了,社会主义制度真的还能焕发生机与活力吗?如今30多年过去了,事实证明邓小平同志的判断才是科学,才是真理。中国特色社会主义的伟大成功,的确展示了社会主义制度的优越性。现在中国的经济和社会正在健康发展,同欧美的经济危机、社会危机的严重状况形成非常鲜明的对比,这是世界百年未有之大变局。

2001年的"9·11事变"以后,美国的一方独霸局面受到了严重的威胁。另外世界上还有两个重要事实。一个事实是这二三十年间中国特色社会主义取得了伟大成功,有多成功?我们置身庐山,看不清庐山真面目。2000年的时候我们的经济发展速度很快,有人预言说我们再努力工作20年,到了2020年就可以和日本的总量基本持平,实际我们到2016年就持平了。到2020年的时候,中国的经济总量已经接近日本的三倍了。2005年我们赶上了英国,英国当时是2.03万亿美元的国内生产总值,中国的到了2.24万亿美元。15年过去了,中国的经济总量已经大大超越了英国。2000年的时候美国的经济总量是中国的十九倍,现在差距已经大幅缩小,中国的经济总量差不多是美国的70%。中国经济的迅速崛起,说明中国特色社会主义取得了巨大成功。这是对资本主义制度的一个挑战,这是百年未有之大变局非常重要的一个内容。

还有一个很重要的事实,东欧曾经的 9 个社会主义国家都变成了资本主义制度,他们当时有一个说法是,为了让国家发展得更好而赶快搞资本主义制度,只要不让共产党领导,他们的国家就会马上变得和发达国家比如和美国一样富裕。他们组织反对派忽悠老百姓,老百姓成功被忽悠了,于是他们的社会主义制度都变成资本主义制度了。如今 30 多年过去了,他们的综合国力长期停滞不前、社会水平停滞不前。我们以前经常去俄罗斯、南斯拉夫等国开会,南斯拉夫在 20 世纪 80 年代的时候是我们心目中社会主义成功的样板,大家都说南斯拉夫的社会主义国家搞得真好,工人家里都有小汽车,人均收入超过 1 000 美元。俄罗斯科学院的院士告诉我,他 20 世纪 80 年代当院士时的月工资是 1 300 美元,现在他的工资是 1 200 美元,其他的东欧国家都大同小异。所以,东欧的一些国家以为放弃社会主义后就能过上发达国家的生活,而现在的状况却是停滞不前,所以社会主义思潮又在这些国家慢慢兴起了。

第三,美国政府的对华政策。从 1980 年里根当选总统一直到特朗普之前,大家都认为中美关系不会变,而从特朗普上任开始中美关系急剧恶化。这并不是说美国人过去一直很友好,虽然美国从里根当总统开始一直支持中国的经济发展、支持中国的改革,但是我们一定要清楚,他们所赞成、支持的中国改革是什么,他们真正希望的是中国通过改革和平演变走上一条类似欧美的道路,通过改革把中国变成和欧美世界一样的自由资本主义制度。所以根据这样的认识和思路,之前的美国总统一直

正确认识和把握"两个大局"／163

保持跟中国接触以促使中国内部的变化，通过接触、交流、渗透价值观使中国的结局和苏联的结局一样。而现在，他们觉得这30多年来中国并没有发生他们希望的变化，中国没有被和平演变、没有变成资本主义国家。用他们的话来讲，中国实际上坚定走中国道路了，更加明确坚持了社会主义制度，更加坚持中国共产党的领导。这让美国人大失所望，他们的政策急剧变化导致中美关系急剧恶化，准备换一个办法逼着你变化，软的不行来硬的。

美国对华政策的主要表现基本就是围堵、打压、遏制中国的发展，这是他们对华政策的主流特征。特朗普所有的政策都反对经济交流、反对合作，这使得中美的文化、教育、科技合作受到了极大的摧残，有一些甚至已经中断了。这一类政策表现出以下几个性质。

第一个性质，这种遏制中国发展的态度成为美国精英阶层的基本理念，也是美国统治阶级企图抹杀国家制度的管制的表现。当然美国有不同的利益集团，代表不同的利益群体，所以美国国会不同的议员、不同的州长之间有很严重的利益对抗和立场对抗。但是从特朗普开始，在围堵、打压中国的问题上，不同的利益群体、不同的垄断资本主义基本达成了一致。根据这样的基本性质，对短时期以内的中美关系不能心存幻想，比如有人认为美国的债务马上到期了，只有中国能救得了它，我们中国买美债就可能缓和中美关系。这是不可能的，美国统治阶级的立场已经不同于先前的立场，如今的基本共识是必须打压、围堵中国的发展，我们对此不能心存幻想。

第二个性质，美国统治阶级中的不同群体在遏制中国发展的内容上、方式上各有千秋。以特朗普为代表的共和党鼓吹对中国的打压，这是受他所代表的传统制造业（石油、煤炭、电力等）的垄断资本家集团基本利益驱使的。拜登所在的民主党代表的是军工产业集团，名义上打着维护美国价值的旗号，实则企图干涉中国的新疆事务和香港事务。

第三个性质，美国这种政策变化的本质必须用马克思主义来认识，这个非常重要，这个性质我从四个方面概括。第一个方面是通过帝国主义、殖民主义思维去维护美国霸主地位的表现。到现在为止，网上有很多的官方媒体、学者经常讲中美状况都用"世界老大和老二"或"一把手和二把手"的说法来分析，这个完全是不科学的。美国对华的本质是帝国主义、殖民主义思维，是维护霸权主义的表现。第二个方面是中美两个国家之间国家制度、意识形态的根本对立。拜登政府要在12月搞的所谓"民主峰会"把中国、俄罗斯排除了，说中国和俄罗斯不是民主国家，搞国家制度的根本对立。第三个方面是美国国内危机下外交部做出的反应，这个文件是对外公布的。我们都知道美国国家外交政策与国内的经济政策和金钱社会紧密挂钩。第四个方面是中美矛盾冲突从长远看是东西方文明的比拼。西方在比拼中看到中国道路的成功、中国的快速发展，看到中国开辟了走向现代化的新道路，创造了人类文明的新形态。美国的资产阶级政治家认为人类文明形态就是欧美文明延续到现在的欧美自由资本主义，他们不能让中国成功。这实际上是两大文明体系的比拼。

如何把握中华民族伟大复兴战略全局

第二个大问题是把握中华民族伟大复兴的战略全局。中华民族伟大复兴已经进入不可逆转的历史进程,这是习近平总书记"七一"讲话中的科学判断。为什么中华民族伟大复兴进入了不可逆转的历史进程?

第一,我们坚持以习近平同志为核心的党中央坚强领导。这是中华民族伟大复兴根本的政治前提。第二,新中国建立的70多年来,确立并发展完善了社会主义制度体系,包括国家政治制度、国家基本经济制度、国家治理体系等。能够确保人口最多的多民族国家长治久安、各民族和谐相处,这是国家进步发展、民族伟大复兴的必需社会政治条件,也是国家体系现代化、国家制度巩固和确立的条件。第三,新中国成立以来,经济的快速增长已经形成强大的物质基础。第四,党的十八大以来,以习近平同志为核心的党中央做的一系列工作为中华民族伟大复兴提供了更为主动的精神力量。

再者,中华民族伟大复兴进入了新发展阶段。新发展阶段对应着新课题、新要求,我们要知道,实现中华民族伟大复兴现在是什么阶段。为了实现中华民族伟大复兴,近代以来中国人一直在努力,特别是100年来,在中国共产党领导下,我们已经取得了中华民族从站起来到富起来的伟大成就,现在迎来了从富起来到强起来的伟大飞跃。新发展阶段就是完成了第一个百年奋斗目标,中国人富起来了,小康社会达到了,现在开启了全面建成社会主义现代化国家新征程,开启了第二个百年目标的奋斗。这个新阶段有什么特点,有什么新要求? 我们在理解时要把握以下四点。

其一,要更好地强调总体目标的整体推进。改革开放到党的十八大之前,我们很多地方基本把发展、把现代化建设都简单地理解为经济建设。所以到现在这个新的阶段以后，要强调总体布局、整体推进，一个都不能落下，社会主义经济建设、政治建设、文化建设、社会建设、生态文明建设都要全面加强。

其二，更好地强调、贯彻新发展理念。

其三，要落实"十四五"规划和 2035 年总体目标。

其四，要解决好国家发展过程中碰到的种种问题。

关系到我国经济建设全局的战略性问题

进入新发展阶段，构建新发展格局，必须高度重视战略局势，更要注意新发展格局。我就纯粹从经济建设的角度讲几个战略性内容，这些关系到我们经济建设的全局，关系到我们第二个百年目标的全局。

第一，扩大内需，达成共同富裕。习近平总书记提出构建新发展格局要以国内大循环为主体、国内国际双循环相互促进，国内要循环起来，就必须改变我们过去三四十年经济发展由"三驾马车"拉动、长时间依靠投资和进出口的状况。现在必须调整为内需拉动经济，而内需怎么才能成为国民经济的引擎？首先就是要提高中低收入人群的收入。我们有 6 亿人一个月收入不到 1 000 元，还有 4 亿人一个月收入在 500 元左右。要想增加 1 倍的收入，我们扩大内需、形成完整的国内循环是前提。

第二，高质量持续发展，必须高度重视实体经济，巩固和完善我们的产业链。我们都说现在中国是第一制造大国，产业链确实不错，但是我们要警惕一个现象：目前的现代化国家都是三四百年以来服务业占到第一的大国，第一、第二产业越少越好。我们现在很多领导干部都还是这个认识，包括过去很多经济学家在向我们宣传这种观点。但美国的困境已是一个惨痛的教训，虚拟经济占比过大，实体经济空了就不行了。我们这么大的国家搞现代化绝对不能玩虚的，我们一定要壮大实体经济、壮大制造业基础、巩固产业链，这是非常重要的。我们现在的服务业占比已经超过一半了，这个数字不能再增长了。我们要巩固第二产业，制造业实体经济占比要大一点。

第三，高质量增长必须实现产品高质量发展。这个产品高质量不是像有些人讲的制造业要高端化、智能化、绿色化，而是普通产品、基础产业这类经典产业的质量要经久耐用、可靠。

第四，战略就是创新驱动、科技引领，解决"卡脖子"的问题。

第五，防止资本垄断和无序扩大。现在大部分资金完全按照市场需求变成资源了，资金、人才都聚集到互联网、教育、培训领域。还有不少资金涌入房地产市场，这个产业结构有问题，要尽快调整，要引导资本投入高科技、高端制造，防范金融风险。要解决好地方政府债务问题。有一个县只有 30 多万人，财政收入不到 5 个亿，但是欠债近 90 亿，这是个大问题，要防止地方政府债务中潜藏着的经济风险。

（根据邓纯东 2021 年 11 月 21 日授课内容整理）

【教学答疑】

青年教师：邓老师，如何更好地将党的十九届六中全会精神讲得准确、讲得活泼、讲得生动？您看能不能给任课教师一些建议。

邓纯东：老师们在授课时，不仅要详尽阐述重大成就与历史经验，还需深入剖析其历史意义与肩负的历史任务。从新民主主义革命时期到社会主义革命和建设时期，再到改革开放和社会主义现代化建设新时期，直至中国特色社会主义新时代，每个阶段都独具特色且紧密相连，构成了我们接续奋斗的百年辉煌历程。我们必须将各个时期的历史脉络相互贯通，系统阐述这百年的奋斗史诗。而关于新时代，其在十三个方面所取得的历史性成就与变革，既展现出全面覆盖的广度，又彰显出深入骨髓的深刻性。我们要详尽讲解这些成就和变革在各个领域中的具体体现，展现其全领域性的影响力。譬如，"两个确立"重大结论对新时代党和国家事业发展、对推进中华民族伟大复兴历史进程的决定性意义；习近平新时代中国特色社会主义思想是当代中国马克思主义、二十一世纪马克思主义，是中华文化和中国精神的时代精华，实现了马克思主义中国化新的飞跃等，这些都是重点，需要深入细致地讲解清楚，达到突出重点、解疑释惑的目的。

【拓展阅读】

　　邓纯东以清晰的逻辑、生动的语言、翔实的数据、丰富的案例，围绕 21 世纪以来国际新形势、新变化，对"两个大局"提出的时代意义以及深刻内涵进行了深入解读和阐释。邓纯东在对"两个大局"时代意义阐释的基础上提出，习近平文化思想是在"两个大局"加速演进并深度互动的大背景下形成的，构成了习近平新时代中国特色社会主义思想浓墨重彩的文化篇章。习近平文化思想坚守马克思主义这个魂脉和中华优秀传统文化这个根脉，是"两个结合"的重大成果。其中关于"第二个结合"的重大创新观点，深刻揭示了中国特色社会主义文化建设规律。对

此,邓纯东在相关研究文章中有所论述,比如在《坚持百年来重要经验 做好"第二个结合"》一文中总结道:

> 百年来的实践中,中国共产党人在这方面的重要经验有:
>
> 首先,全面了解、弄懂中华优秀传统文化的内容。这是实现正确"结合"的基本前提。中华优秀传统文化,是在中华文明产生、发展的长期历史中形成的,是中华文明的载体。实现马克思主义与中华优秀传统文化的结合,首先需要对几千年文明载体的文化产品有全面了解,弄懂其内容及其承载的理念、观念,对古代文化不熟悉、不了解或者一知半解是不可能"结合"的。这就需要重视对传统文化的学习,需要弄通弄懂浩如烟海的中国古代文化产品。
>
> 其次,在"第二个结合"中,要始终坚持以马克思主义为指导,坚持以马克思主义立场、观点、方法,分析、辨析中华优秀传统文化,使其中的精神要义相互融合、相互衔接,从而相互成就,推动中华优秀传统文化的当代升华、马克思主义的中国化。这里的关键是,"第二个结合"的成果,即马克思主义中国化理论,必须是既准确承续、弘扬了中华优秀传统文化的精神要义,又贯穿了马克思主义中国化成果;既是与中华优秀传统文化中先进理念、观念一脉相承、本质相同的,又是与作为人类社会发展普遍规律的马克思主义一脉相承、本质相通的。
>
> 最后,"第二个结合",必须是质的结合,精神品质的融合。这需要以解决当代中华民族和中国社会前途命运为准

绳,围绕着回答时代之问、人民之问、世界之问,围绕着实现中华民族伟大复兴历史性任务的实现等寻找答案,在"解题"过程中,对于中华优秀传统文化中的一切先进、有益的思想、观念、理念、精神予以吸收,并与马克思主义与此相通的理论、原理、观念与价值取向相融通、相结合,创造出马克思主义中国化的新成果。这样的理论成果不是两个文明成果的简单相加,而是相互融通,是一个全新的理论,既与中华优秀传统文化有着血缘关系,又与马克思主义科学理论有着血缘关系,既是中华优秀传统文化的现代升华,又是马克思主义科学理论的中国转化。这是中国共产党人百年来实现"结合"的重要经验,搞好"结合"时遵循的重要规律。[①]

---

① 邓纯东:《坚持百年来重要经验　做好"第二个结合"》,《人民政协报》,2023 年 11 月 6 日第 9 版。

吴　红

C919 是否属于中国创新?
——基于技术发明的组合模式的视角

【专家简介】

吴红,哲学博士,上海交通大学马克思主义学院教授、博士生导师,英国约克大学访问学者,江苏省高校"青蓝工程"中青年学术带头人,获得上海交通大学"晨星学者"奖励计划;担任中国自然辩证法研究会科技创新专业委员会理事,上海交通大学"新时代·新思想·新征程"教师理论宣讲团成员;主要从事技术发明与技术创新理论、科学技术与社会(STS)研究;主持国家社科基金项目 2 项,发表学术论文近 40 篇,出版《发明社会学》(上海交通大学出版社,2014 年)、《发明哲学》(中国社会科学出版社,2020 年)、《负责任发明》(商务印书馆,2024 年)等专著。

【内容提要】

C919 的研制成功,将成为带动我国航空产业、高端制造业发展的"新引擎"。吴红从 C919 与对其质疑的缘起讲起,围绕"发明是组合而成的吗?""组合是如何进行的?""C919 大飞机是否属于中国创新?"三个环环紧扣的设问,逻辑清晰、循循善诱,一步步得出 C919 是国家自主研制的"大飞机"的结论。此外，吴红详细介绍了国产大飞机的研发缘起以及"发明"与"组合"的内涵，用具体翔实的数据、科学的概念和丰富的类比帮助读者读懂 C919 国产大飞机这盘棋。

【专题解读】

大家好，今天我将基于技术发明的组合模式的视角，谈谈我们的国产大飞机 C919 是否属于中国创新。

C919 与质疑的缘起

在近代重大技术发明中，飞行的梦想始终吸引着众多领域人士的关注，他们进行着不懈探索。从达·芬奇绘制的扑翼机到蒙哥菲尔兄弟（Joseph-Michel Montgolfier 和 Jacques-Étienne Montgolfier）的热气球，从莱特兄弟（Wilbur Wright 和 Orville Wright）震惊世界的飞行到当前普遍服务于军用和民用的大飞机，现代飞机的发明经历了五百年的进化历程。正式的飞行历史始于 20 世纪初，当时莱特兄弟成功进行了第一次手控的飞行，开创了现代航空的先河。此后，飞行技术不断进步，飞机的速度、载荷能力和航程都得到了极大的提升，飞机在军事、商业和民用等各个领域都发挥着重要作用。

第二次世界大战以后，航空技术成为国家之间竞争的重要领域，涉及国家安全、经济实力、科技创新等多个方面。在军事领域，先进的航空技术对于国家的军事实力和国防能力至关重要。包括战斗机、轰炸机、预警机、无人机等军用飞行器在现代战争中发挥着至关重要的作用，因此各国都在加速发展新型军用飞行器和相关技术。在民用航空方面,航空技术的发展不仅关乎航空产业的兴衰,也牵动着国家的国际影响力和经济竞争力。飞机制造、航空公司运营、机场建设等领域都在国际竞争中扮演着重要角色。此外,航空技术还涉及太空探索、航空器材制造、航空航天工程等高新技术领域,对于一个国家的科技实力和国际影响力也有着重要的体现。正因如此,各国都在加大对航空技术的投入,加强相关领域的科研合作,争夺航空技术领域的领先地位。

在过去的一个多世纪里,美国、俄罗斯和法国逐渐垄断了大飞机技术。美国的波音公司和洛克希德·马丁公司等,拥有自主研发和生产各种类型的大型客机、货机和军用飞机的能力,其中波音公司的"波音 747""波音 777""波音 787"等系列飞机享誉全球。俄罗斯的苏霍伊、安东诺夫和伊留申等公司,也拥有自主设计和生产大型客机、货机和军用飞机的实力,比如苏霍伊的"苏-27""苏-35"等战斗机和伊留申的"伊尔-76"运输机等。法国的空客公司(Airbus)是世界上最大的民用飞机制造商之一,可以自主研发和生产各种类型的大型客机和货机,比如"A320""A330""A350""A380"等系列飞机。这些国家和地区的飞机制造商在全球范围内都有着重要的影响力,其自主研发和生产的大飞机在民用和军用领域均占据着重要地位。

在这一进程中,中国一直努力拼搏,以期在飞机研制和生产领域占有一席之地。C919 大飞机的研发源于中国对航空航天领域的长期发展战略规划,旨在实现对大型客机制造技术的自主掌握和突破。2006 年,国务院发布《国家中长期科学和技术发展规划纲要(2006—2020 年)》,将大型飞机重大专项确定为

16 个重大科技专项之一。2008 年 5 月 11 日,承担中国大飞机研发的中国商飞公司成立。2009 年 1 月 6 日,中国商飞公司正式发布首个单通道常规布局 150 座级大型客机,机型代号"COMAC919",简称"C919"。2015 年 11 月 2 日,C919 大型客机首架机在浦东基地正式总装下线,标志着 C919 大型客机项目工程取得了阶段性成果。2017 年 5 月 5 日,在经历了中国科技人员整整九年的潜心研究之后,中国首次按照国际适航标准研制的 C919 首飞成功。

但是,关注中国大飞机发展的中国民众很快获知了 C919 的很多重要部件并非采用中国拥有的技术在本土制造,众多民众开始竭尽所能"肢解"C919 的技术结构并挖掘技术部件的供应来源,发现 C919 各种部件来自全球的 144 家供应商,其中飞机关键构件如发动机(LEAP‑X1C)由法国赛峰集团(Safran Aircraft Engines)和美国通用集团(GE)联合控股的 CFM 国际集团提供,发动机排气系统、发电和配电系统、机轮、刹车等部分分别来自欧美的奈赛公司(Nexcelle)、霍尼韦尔航空公司(Honeywell Aerospacel)、美国罗克韦尔柯林斯国际公司(Rockwell Collins)、美国联合技术(UTC)集团下属的汉胜公司、利勃海尔(Liebherr)等国外知名公司。而前机身部段、中后机身部段、中央翼、副翼部段和后机身前段均由中国航空工业集团下辖的多家公司提供。由此,在众多讨论中出现了一种声音:就 C919 大飞机而言,中国仅仅制造了一个外壳,实质上是买来一堆部件组装而成,是一个"没有核心技术"的"山寨组装机",中国花了那么多钱"攒"了一架飞机,这根本算不上中国创新。那么,C919 究竟是不是中国创新? 今天我将从技术发明的进化模式——组合这一视角并结合创新的内涵来进行解答。

发明是组合而成的吗？

技术的快速发展引起了人们对发明过程的高度关注。发明的产生模式成为一个重要的研究主题。打开一个机器的内部可以直观地看到组合的结构,众多学者逐渐意识到发明的组合模式,技术进步则是不断地组合累积的结果,每一项发明都是旧发明的新组合。在经历了早期的发明的英雄理论之后,研究者更加理性地分析技术变化的过程,而非聚焦于发明人的天赋。目前,研究者们普遍接受了发明的组合累积模式,他们倾向于认为,人类几乎没有产生全新的产品,发明人总是产生大量的概念、事实、结构等为发明过程添加燃料,与其说发明是无中生有的创造行为,不如看作组合的活动。从发明的构成、技术的进化模式和技术系统等角度都能看出发明是不断组合累积的结果。那么,发明在何种程度上可以说是组合而成的？ 在发明的产生过程中,组合是如何完成的？

从第一个层面看,发明拥有多种要素组合的结构特征。

首先,发明是技术部件的组合。每一项发明都包含多种原理和部件,发明都是在一个由原理和部件形成的有规则的序列中逐渐发展的。或许很长时间中只有序列的基本要素在发展,而没有产生任何满足人们需要并能实际应用的结果。后来,这些基本要素可能会产生一系列的组合,即首次产生了一个新设备、新机器或者发动机。当一个新机器产生的时候,我们会发现新机器可能只是由一些轮子和汽缸组成,其中没有任何新东西,所有的组成部件都是旧的,可是组合的结果却非常新颖。19 世纪早期的评论家罗伯特·斯图亚特(Robert Stuart)在研究蒸汽机的发明历史之后指出："一台机器经过长时间和众多人不断进行的新的组合和改进,逐渐演变到最后给人类带来显著的利益。"

美国专利商标局对每一项授权的发明都附有包含技术种类和技术亚种类两个部分的技术分类代码。每一项专利都至少包含一个技术代码。当一项发明包含两个及以上的技术代码的时候,意味着其特征和技术功能涉及多个方面。基于此,有人对1790年到2010年之间美国专利商标局授权的专利进行统计分析,发现77%的专利的代码至少是两个技术代码的组合。19世纪中大约有一半的专利仅有一个技术代码,这个比例在整个20世纪一直稳定下降,目前比例是12%。美国专利局认可的许多发明的新颖性并非来自新技术本身的有用性,更大程度上是因为已有技术在组合之后构成了在专利数据库中没有记载的新发明。这些数据不仅显示了技术的复杂性在不断增加,还意味着组合在当前技术发展中的重要地位。

其次,发明是具有特定功能的技术模块的组合。随着技术复杂性的增加,发明人将数以万计的零部件汇总到一个系统中,这需要很大的工作量。同时,很多技术部件组合的结果被频繁使用,这个组合结果逐渐被固定化形成技术模块。由此,技术逐渐变成由各种载有不同功能的集成块或者说技术模块构成。集成块是技术,同时集成块包含次一级的集成块,次一级的集成块当然也是技术;次一级的集成块包含再次一级的集成块,以此类推直到最基本的零件。W. B. 阿瑟(W. B. Arthur)称之为技术的递归性,即结构中包含某种程度的自相似组件。也就是说,技术是由不同等级的技术建构而成的。技术的模块化使得发明人可以不必弄清楚技术模块的"黑箱"里面究竟是什么结构，只需要知道模块在一个系统中可以提供的功能即可，每一个模块由专业的人员和企业来提供。

最后，发明是技术原理的组合。发明是由技术部件、技术模块组合而成的，但是种类繁多的技术部件和技术模块如何被有机地整合起来呢？发明是一个将需要与能满足需要的某个原理连接起来的过程。这个过程从需要出发，在知识库中寻求可以直接满足需要的原理，我们姑且称之为直接原理。直接原理又包含更多的次一级原理，次一级原理依旧包含更次一级原理，以此类推。当某一级原理能够被技术部件和技术模块直接展示出来的时候，发明人就找到了发明的最基本的组合要素。这个过程是一个逐级发散的过程，起始于目的，终结于每一个微小的现存的技术部件或技术模块；链接始末的过程是对哪些原理组合起来能够产生预期结果进行联想的过程。

从第二个层面看，技术在不断组合的过程中发展进化。

人类学家阿尔弗雷德·L. 克鲁伯（Alfred L. Kroeber）曾经对有机物和人造物的发展模式提供了两个形象图形描述（如下图所示）。

有机物树形图的树杈彼此独立，每根树杈和枝丫代表出现的新物种，各物种之间没有关联。人造物树形图分出的树杈在某些节点上相互联结，以此为出发点延伸出新的树杈和枝丫，而新的树杈和枝丫在另外的位置又可能产生新的联结，再延伸生长出更新的树杈和枝丫，不断发展，形成怪异而茂密的大树。

如果把一项技术看作一棵大树，技术的核心原理就是树的

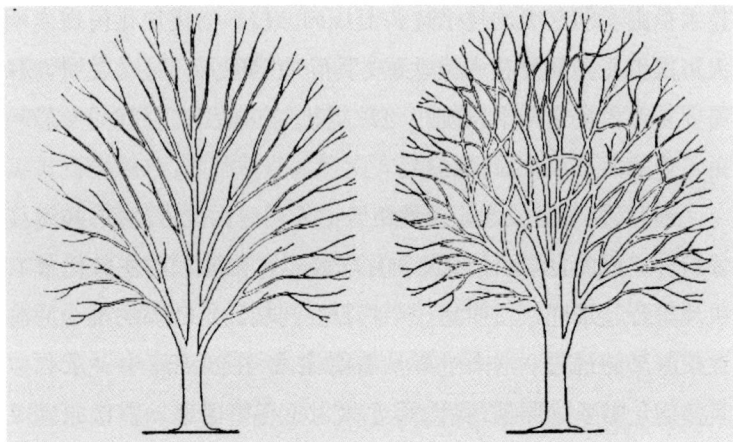

克鲁伯提出的有机物树形图(左)与人造物树形图(右)

主干。核心原理原本只是一个概念,而技术形成的过程就是通过物理部件将核心原理实现的过程。技术的次一级原理和部件是树的分叉树枝,再次一级的以此类推,直到最为基础的部件即树叶。一棵树上的树枝、树叶形状大小各异,共同构成了一棵大树。如果把这一棵大树放在整个人类创造的技术系统中,这棵大树可能只是技术系统中的一条树枝或一片树叶,也就是技术系统中的一个技术部件或技术模块。

我们可以借用克鲁伯的人造物树形图来阐释发明的组合—累积—进化的模式。在技术的发展过程中,已有的旧技术之间、新技术之间或者新旧技术之间都有可能产生联结,即组合形成新发明。累积的技术越多,组合的可能结果也就越多,技术在组合—累积—再组合—再累积不断循环的过程中实现缓慢地进化。当然,并不排除这个进化过程中偶尔也会有革命性的发明或者激进发明出现。不过,就算是革命性的发明,也需要已有的原理、最基础的物质要素作为支撑，就像很少有机械不需要最根本的螺丝或者连杆一样。在这个意义上，可以说一切发明都离不开组合。

从第三个层面看，发明是一个具有整体性特征的系统。

一般系统论的奠基人路德维希·冯·贝塔朗菲（Ludwig Von Bertalanffy）认为系统可以被定义为一系列相互作用并且和周围环境发生作用的要素的集合。系统内部的各个构成要素不是零散地、偶然地堆积到一块，而是在一定的关系网中相互联系、相互作用，最终构成了一个整体。整体拥有系统内部各个独立要素所不具有的新的特性、新的功能和新的规律，这就是系统的整体性，或者表述为贝塔朗菲定律——整体大于部分之和。系统内部各要素之间有关系，系统特征依赖于其内部要素特定的关系，这就是组合性特征。

发明作为一个系统具有的整体性可以用系统的有序度 R 描述：

当 R＝0 时，表示系统内部完全是一堆零散的部件，系统完全无序。这种情况下，系统很难成为一项发明，这也表明拥有一堆部件，不代表拥有一项发明。

当 R＝1 时，表示系统完全有序，作为一项发明的系统完全可以达到发明人预期的性能，可以稳定地发挥它的功能。

大多数情况下，$0 \leqslant R \leqslant 1$，很少有完美的发明，发明大都处于不断地修正和调整中。

系统的组合性特征表明，发明的组合过程并非简单的重复性劳动过程。各个部分建立的关系不同，造成的发明结果也不同。由于发明所赖以组合的部件都是现有的，所以在发明的过程中,如何在各个部件之间建立起关系则成为发明的核心问题。

组合是如何进行的?

不管发明人如何雄心勃勃,发明都不会无缘无故产生,如何将这些部件组合成机器才是发明的关键。19 世纪末 20 世纪初,法国心理学奠基人泰奥迪尔-阿尔芒·里博(Théodule-Arnaud Ribot)在对创造力和想象力的研究中,理所当然地使用"新组合"来指代创造力和想象力的思维结果。有两个要素促使人类能够产生创造活动:一个是天然的需要作为动力;另一个是人拥有超越普通动物的想象力,想象力能够激发起很多要素形成新组合。发明的组合过程可以分为两个阶段:心理模型的建构和机械表达。

第一阶段是心理模型的建构即概念的组合。发明的过程就是发明人借用物理对象把他们的心理模型组合起来的过程。当发明人思考和绘制草图的时候,他并不是简单修改一下别的设备或者以随机的方式来获得启发;相反,这个过程是一个努力尝试捕获、具体化的一个心理模型。心理模型在认知科学里被描述成"人们拥有的自己、他人、环境之间相互作用的模式"。心理模型受制于各种因素,比如使用者的技术背景、相类似系统的已有经验、人类信息处理系统的结构等。发明人在想象一个新技术的时候,会使用心理模型来构思工艺原型和操作原型。他们会首先在思维中假设什么功能需要被组合进来,什么样的装置可能最终具有实用性。发明人的心理模型是不稳定的,处于不断调整中;心理模型又是不完备的,发明人需要频繁更换组合,以期完善这一模型。有时候发明人在思维想象中"驱动"自己的发明运行，构建发明的框架；有时候需要在实验室建立起模型，试验然后修改，在不断调整中逐步完成他们的设想。

在发明的社会学文献中，心理模型对应于维比·E. 比杰克（Wiebe E. Bijker）提出的技术框架（technology frame）。技术框架就是发明人提出的能够解决某一问题的构想。技术框架是由当前的理论、目标、隐性知识、解决问题的策略、操作和使用的惯例等组合而成。技术框架一方面可以解释当前的社会环境如何建构了一项技术人工物的设计，另一方面也可以说明现存的技术如何建构了当前的社会环境。

乌尔里希·威特（Ulrich Witt）认为发明人获得发明的心理模型一般涉及两个方面的操作：一个是生产性操作，即产生一个将要素组合起来的新产品；另一个是解释性操作，即把新组合整合到一个新的技术或者已经存在的概念中去。威特所说的解释性操作，实际上是发明人思维模式构建的过程：为了满足需要解决的问题，将具有满足功能条件的要素选中并且整合到已有的技术中去。

心理模型是一个目标，也是发明人关于如何使新发明能够产生实际功能的一个想象。心理模型是一个粗糙的设想，发明人要采用不同的方式不断地对粗糙的设想进行描绘再描绘，才能最终使之转化成为切实可行的发明。

第二阶段是机械表达，即物理部件组合。发明的心理模型只是头脑中形成的发明概念，下一步，发明人要在现实中把发明的实物模型制造出来。组合过程在头脑中构思的时候考虑的是原理的组合，而在现实发明活动中组合的是技术构件。如何实现这个转变？阿瑟解答了这个问题，即把原理转译为物理组件。

阿瑟给出了对发明的组合机制最简洁的描述：所有发明都是目的与完成目的的原理之间的链接，并且所有发明都必须将原理转译成工作元件。发明人要把心理模型中组合的功能或者原理的要素在现实中通过机械部件呈现出来，这是物理部件的组合配置过程，即机械表达的过程。心理模型中的功能或原理和现实中的机械部件不是一对一的关系，而是一对多的关系。这是因为，一个功能或者原理可以通过不同的机械结构表达出来，而最终采用哪一种部件，则需要依赖发明人的技巧。

爱迪生转向电话发明的时候，他已经熟悉约翰·P. 里斯（Johann P. Reis）的关于电话结构的发明和物理学家赫尔姆霍茨（Hermann Von Helmholtz）发明的能够产生人工元音的设备。爱迪生希望采用可变电阻的形式来完善里斯电话的结构，关键的一点在于用什么机械结构表达出可变电阻的功能。爱迪生起码设计了四个方案：一是将一个音叉和水银杯组合起来；二是使用他在 1873 年用于双工电报机中的液体变阻器，即金属触杆和水或者甘油液体形成的可变电阻；三是采用刀刃状的锐利物和高电阻液体滴剂的组合；四是使用碳粒变阻器。爱迪生发现液体会蒸发，并且液体变阻器也不适于实际使用，于是在 1877 年 1 月最终抛弃了液体变阻器，选择碳粒变阻器来表达他的心理模型。此外，在爱迪生的电话框架中，还用赫尔姆霍茨设备中的接收器替换掉里斯电话中的接收器。爱迪生在其电话发明的过程中的机械表达是发明人都会经历的过程，即不断从已有的技术中选择部件，组合起来形成具有特定功能的技术模块，然后将技术模块整合到新的或者已有的技术系统中去。

伴随心理模型构建和物理部件组合的过程，还有一个评估的思维活动同时在进行。发明人要随时评估组合后的技术的有用性、优点、可能带来的利益以及使用者是否乐意采用等。发明人对组合结果的评估，很大程度上依赖于发明人个体的喜好、阅历、对已有技术的把握和对社会需求、经济环境的领悟。

C919 大飞机是否属于中国创新？

从发明的组合模式和进化模式来说，C919 属于中国创新。发明就是已有技术不断组合累积的过程，发明既包含基础的或重大的发明，也包含一些微小的或改进型的发明。几乎所有重大的发明，都不仅仅出自一位英雄或者发明家之手；发明往往是将成千上万个细小的部件添加到一个发明中去，重大发明总是凝聚大量微小的发明。飞机的发明也不例外。在近一百年中，无数的细小部件被添加到飞机上来，这中间的每一个步骤都是飞机发展进程中不可或缺的部分。

中国科研人员完成了飞机的整体设计，在三个方面体现了自主创新：拥有中国自己的研发团队，拥有飞机的知识产权，所有设计、研发和组装都由中国独立完成。C919 气动特性这一关键技术属于中国自主创新：中国研发人员设计出了既能适应高速巡航飞行又能保持较高气动效率的"超临界机翼"，同时突破了飞机发动机一体化设计、电传飞控系统控制律、主动控制技术、全机精细化有限元模型分析等 100 多项核心技术，即便是争议颇多的机身外壳也是首次采用了第三代铝锂合金材料等。由此可见，C919 是一项中国做出了部分改进的发明。中国科研人员在改进的过程中保留了已有的大部分技术，即许多供应商提供的功能部件，又在飞机发明的链条上添加了一些环节，使飞机的发展又往前迈了一大步。

从创新的内涵和创新发展模式的角度分析,C919 同样是中国创新。经济合作与发展组织(OECD)界定创新包含以下四种情况:在经济和社会领域产生或采用一个有附加值的新事物;更新或补充一个产品特性、服务或者市场;发展一种新的生产方式;建立一种新的管理系统。C919 在已有飞机技术的基础上,改进了部分关键技术,更新了飞机的部分特性,比如外部材料损伤容限性能和抗腐蚀性能更强,让飞机结构更轻。

如我们前面所讲,当前的发明实质上是技术原理、技术功能、技术部件和技术模块的组合,技术部件和模块通常由专业的机构来生产提供,这也是目前全球很多大型机器制造行业如汽车、飞机等普遍采用的一种运作模式,即"主制造商—供应商"模式。中国大飞机的研发制造采用了这样一种通用模式,并不奇怪。波音 737 系列飞机的供应链涉及全球各地数百家供应商和合作伙伴,这些供应商涵盖从飞机结构件到系统设备,再到内饰和航空电子等广泛领域。波音公司通过全球供应链网络确保737 系列飞机的生产和装配。

罗伊·罗斯维尔(Roy Rothwell)认为,从二战结束以后至20 世纪 90 年代早期,创新经历了四代发展模式;20 世纪 90 年代中期以后,创新模式进入第五代。第五代创新模式中有一个特点是企业和供应商之间关系拉近,这样有利于减少发展成本和提升发展速度。甚至有专家预测,在未来,供应商将要承担起主要部件的研发责任,而制造商则专注于其核心竞争力。C919的研制顺应了第五代创新潮流,采用中国自主整体设计、全球供应商提供部件、中国系统集成的方式,不仅可以从各个行业领头者企业中得到高品质的部件，还可以降低技术风险，加快创新速度。

从系统角度看，C919 是一项技术系统，具有系统的整体性特征。C919 可谓一个巨大而复杂的系统，包含数以万计的零部件，每一个零部件都不具有自由在空气中飞行的特性。如果把这些数以万计的零部件堆积在一起，放进一个金属箱子里，这没有任何意义，因为这些零部件在堆积物中和不在堆积物中的行为都是一样的。C919 的整体性特征不是孤立状态下组成部件性质的总和，而是中国科研人员花了 9 年的时间研究这些数目庞大的零部件如何形成一个有机的组合，以达到预期的性能。这个研究过程需要注入科研人员的技术创造力，而非漫不经心地组装。

C919 的开发过程遵循了全球大型商用飞机惯用的供应链模式。全球大型商用飞机制造业供应链的形成和发展可概括为以下五个阶段：低频次采购阶段、长期采购合作阶段、主制造商将主要部件外包的阶段、风险合作和研发外包阶段、国际供应链阶段。20 世纪 60 年代以后，大飞机生产开始进入长期采购合作阶段，出现主制造商和多层级供应商分工协作的生产体系。很快飞机生产就转向主制造商将主要部件外包的阶段，即主制造商开始将主要部件制造交给其他企业完成。在波音 787 项目中，近 90% 的部件和零部件生产任务由供应商承担。C919 的研发和制造采用了全球大型商用飞机惯用的供应链模式。波音公司、空中客车公司推出的每一代新机型都是他们的重大创新，C919 当然也不例外。

技术变迁通常要经历发明—创新—扩散这三个阶段，C919

的产生一方面符合技术发明的组合模式,另一方面采用了当前技术创新惯用的发展模式,这注定了 C919 是大飞机技术变迁过程中重要的一个环节。在未来,当 C919 腾飞在各大机场之间的时候,中国所突破的多项新技术也许就会成为大飞机制造业的新标准。

C919 大飞机作为中国自主研发的大型民用飞机,绝对展现了中国在航空制造领域的创新能力,代表着中国在大飞机领域的雄心壮志和技术实力。C919 的研发和生产过程涉及大量的科研和技术攻关,不仅提升了中国的飞机制造水平,还为全球航空业注入了新的竞争力量。C919 的投入使用,标志着中国在民用航空领域取得了重要的突破,展现了中国航空工业的创新和发展势头。对于正处在快速发展关键时期的中国航空工业而言,C919 的成功研制标志着我国具备了设计生产大型客机的能力,意味着长期以来国外大飞机技术垄断的局面得到突破;对推动国产高端制造装备与材料的发展、加快中国"智"造的进程、建设制造强国等都具有十分重要的战略意义。

综上所述,技术活动中的发明活动就是将新技术部件和旧技术部件或者部件的集合组合到一个系统中去,使其具有特定的功能以帮助人们解决问题,满足人们的需求。发明通过心理模型的建构和机械表达,展示成为现实中的发明产品。这些概念和产品反过来作为组合要素被整合进新的发明中去。这个迭代的发明过程,使得技术不断累积。从这一层面来说,中国研制的大飞机 C919,既符合技术发明的组合特性,又遵循了当前创新的发展模式,它无疑是中国自主创新的重大成果。

C919 是国家自主研制的,是中国的"大飞机"。"让中国的大飞机翱翔蓝天"承载着几代中国人的梦想，也寄托着新时代的使命。在探索浩瀚宇宙的过程中，一代又一代的中国航天人接续奋斗、不懈追求。特别是进入新时代以来，他们以连绵不断的创新创造和日新月异的辉煌成就，把中华民族飞天的夙愿变成了现实，把个人理想融入国家和民族追求之中，成为建设世界科技强国的有生力量。

（根据吴红 2021 年 10 月 12 日授课内容整理）

【教学答疑】

青年教师：吴老师您好，今天听了您的授课，收获非常大。您既是深耕于讲台数十载的优秀思政课教师，同时也是研究科技发明领域的专家。您认为在授课时应如何拉近一些看似与我们生活并没有直接关联的科技发明与学生们的距离，激发学生们利用自己所学专业投身于国家科技发展的热情呢？

吴红：谢谢你的提问，我非常喜欢这个问题。在给同学们授课的过程中我还真的思考过这个问题并采用过一些方法。我觉得榜样的力量是巨大的，但是榜样要是距离同学们很远，这种力量也可能会削弱。我们上海交通大学杰出的科研人员很多。这些科研人员就和同学们在一个校园里活动，他们的科研活动和科技成果转化的现实案例是很能激发同学们的科研热情的。他们的事迹应该是我们课堂讲授最好、最典型的素材，他们就是榜样。下面我分享一个案例。我曾经在课堂上展示过我们交大前校长林忠钦的一项专利。专利的内容涉及氢能电池的制造，我们现在就可以在专利数据库中检索到，这是一项名称为"质子交换膜燃料电池双极板多道蛇行流场结构"的发明专利，专利号为 CN200910045410.7。大家仔细看一下,专利号后面有一个说明,就是"权利转移"。点开这项专利的"法律状态",我们能看到上海交通大学在 2010 年 11 月 3 日获得这项专利的授权,但是在 2016 年 7 月 11 号,专利权所有人从上海交通大学变更为"上海治臻新能源装备有限公司"。这家公司的官网上有如下简介:上海治臻新能源股份有限公司由上海交通大学技术团队发起,深耕氢能金属极板领域十余年,致力于氢能核心组件全链条解决方案;上海治臻坚持自主研发和技术创新,申请专利近百项,是国家级高新技术企业和国家级专精特新"小巨人"企业。如果再进一步了解,我们会发现林校长的这项专利是这家公司生产的氢能电池的核心技术。说来也巧,2022 年 2 月份我们"形势与政策"课程的负责人魏华老师组织思政老师去上海临港交大科技转化产业园参观考察,其中恰好有一站就是上海至臻新能源装备有限公司。当时我们看到了由林校长的技术支撑所制造出来的电池双极板送进车间,然后出来的是包装好的用于重型卡车的氢能电池。作为交大的思政课教师,我都觉得很激动。后来我就把这个案例搬到课堂上,同学们也深受触动。我们身边的老师、科技专家每天的科研工作成果正在为我们的社会提供源源不断的新动力,他们的科研价值不断释放。讲到这儿同学们能不受激励和激发吗?同学们将来也可以成为林校长这样的专家,也一样可以解决社会迫切需要解决的重大课题、为社会发展做贡献。

【拓展阅读】

吴红通过对 C919 大飞机质疑的起源,引出发明—组合—

创新三者之间的联系，为思政课教师授课提供了脉络清晰的逻辑线。在授课中，吴红指出，中国研制的大飞机 C919，既符合技术发明的组合特性，又遵循了当前创新的发展模式，无疑是中国自主创新的重大成果。在《发明的含义及其流变》一文中，吴红还通过对"发明"的含义及其发展的深度阐释，解析了"发明"与"创新"之间的关系，更加体现创新在我国实现高质量发展中的重要地位：

> 首先发明是一个技术过程，创新是一个经济过程。"创新"不是一个技术概念，而是一个经济概念，创新关注经济效益结果，发明的目标是产生新技术、产品和设备；创新的目的是将发明推进市场并被人们大规模采用。其次，发明源于一个问题，经过寻找解答方案的过程，最终产生一个可能的设想，发明止于技术蓝图或产品模型，但不涉及市场化。创新起源于发明，经历发明进入市场，实现技术和产品的扩散。当然，并非所有的发明都会实现创新，很多发明止步于蓝图。最后，创新不仅包含发明和扩散，还包含很多媒介和桥接过程，同时涉及与发明、引入新事物、产生新思想等活动相关的情感；发明只涉及解决物理问题。
>
> 发明与创新又密切相关。发明是创新的前提，是创新的来源，是创新过程的首要阶段；创新是组织发明被社会采用的经济活动。没有发明，创新就成了无源之水；没有创新，发明也只能是一纸空谈。发明和创新时常合理地交织在一起，因为创新揭露了某些技术问题，由此建议相应的改进技术的发明出现，因此发明有时候又成为创新

的主题。发明和创新由不同的人来完成,比如乔布斯和沃兹尼亚克在苹果公司,比尔·盖茨在微软,他们都是伟大的创新者,但或许不是发明者;而贝尔和爱迪生则既是发明者又是创新者。

发明和创新虽然具有区别,但两者却是互补的。从短期来看,这种互补性还不甚完美,但是两者缺一不可。从长远来看,技术创新活跃的社会必须同时是发明性的和创新性的:没有发明,创新最终会缓慢下来直至停滞,社会发展处于静止状态;没有创新,发明人将缺乏关注点并且没有什么经济动力去追求新想法。一方面,当发明人独自进行发明工作的时候,发明依赖于那些决定个人行为的因素;另一方面,创新需要和其他个体相互作用,依赖于制度和市场,因此创新在很大程度上是社会的和经济的。①

---

① 吴红:《发明的含义及其流变》,《科学技术哲学研究》,2018 年第 5 期,第 77—82 页。

周智强

守正创新，
迎接有"融"乃强的全媒体时代

【专家简介】

　　周智强，解放日报社原党委副书记，高级编辑，上海社会科学普及研究会会长，上海市委讲师团成员，中国社会科学院上海研究院智库专家、上海领导科学学会学术委员会副主任、上海生产力学会学术委员会主任；长期从事媒体理论评论工作，曾担任解放日报理论评论部主任、东方网特约评论员、《上海法治报》特约评论员、"今日头条"理论稿件评审专家；2009年起先后担任上海生产力学会副会长、上海市科学社会主义学会副会长、上海市领导科学学会副会长、上海市人民政协理论研究会副会长、上海市委讲师团党史学习教育专家宣讲团成员、市委党史研究室特约研究员、上海社会科学普及研究会会长、上海领导科学学会学术委员会副主任，获评中宣部文化名家暨"四个一批"人才；2022年12月起担任上海社会科学院马克思主义学院特聘教授。

【内容提要】

　　随着网络信息时代的到来，全媒体时代已成为必然趋势。

周智强提出,构建全媒体融合格局,一要将变量转化为增量,二要坚持一体化发展方向,三要积极推动全要素传播创新;同时也要注重差异发展、协同高效,找准坐标定位,生产更多优质内容,让媒体融合成为强大的正能量传播引擎,实现新形势下的自我革命。周智强的研究视角有助于帮助学生深入理解推动融媒体发展、建设全媒体的重要性,并且为助力新型媒体融入高校"课堂"提供了思考方向。

【专题解读】

与网络信息时代相伴随,我们迎来了一个全媒体时代。这对党的新闻舆论工作既是挑战又是机遇。关键就在于,我们要把握时机,适应新形势新变化,加快传统主流媒体向新型主流媒体的转型。2019 年 1 月,中央政治局第十二次集体学习把"课堂"设在媒体融合发展的第一线。在主持集体学习时,习近平总书记明确指出,推动媒体融合发展、建设全媒体已经成为我们面临的一项紧迫课题。

化"变量"为"增量"

党的十八大以来,以习近平同志为核心的党中央作出了推动传统媒体和新兴媒体融合发展的一系列战略部署。习近平总书记对加快推动媒体融合发展、构建全媒体传播格局作出科学部署,要求深刻认识全媒体时代的挑战和机遇、全面把握媒体融合发展的趋势和规律、推动媒体融合向纵深发展,强调面对"全球一张网",需要"全国一盘棋",必须科学认识网络传播规律,提高用网治网水平,使互联网这个最大"变量"变成事业发展的最大"增量"。

那么，如何才能化"变量"为"增量"呢？从当前来说，就是要认识和把握互联网传播的特点和趋势，在融合发展中构建起符合互联网尤其是移动互联网传播规律的传播体系，在传播理念、传播载体、传播形式、传播技术、传播手段、传播内容等方面进行创新。具体可以从以下两方面开展。

第一，在推动媒体融合发展上有新突破。

全媒体的发展，带动了全程媒体、全息媒体、全员媒体、全效媒体的出现，信息无处不在、无所不及、无人不用，舆论生态、媒体格局、传播方式都发生了深刻变化。这就是对全媒体时代的精准描述。我们推进媒体融合，就是要瞄准这些全媒体的特性，不断深化改革、创新理念、研发技术、优化内容。

全程媒体、全息媒体、全员媒体、全效媒体的出现，颠覆了传统的信息和舆论传播方式，是前所未有的传播革命。"全程"强调时空尺度的突破，表明新闻传播已进入全时空状态；"全息"强调物理尺度的突破，表明所有信息、资讯都可以数据化，并可以在各种不同的电子设备上同步呈现；"全员"强调主体尺度的突破，揭示了从"人找信息"到"信息找人"、从"舆论主场"到"舆论广场"这种传播主体的转换；"全效"强调功能尺度的突破，揭示出全媒体已经超越单一新闻传播功能，集成了内容、社交、服务等多种功能。

在全媒体时代，大家都习惯用微博、微信以及其他手机客户端这些新兴渠道来获取信息、发表意见。这给我们主流媒体带来了不小的挑战。所以，推动媒体融合发展、建设全媒体，就成了主流媒体发展的必然选择。近年来，不少传统主流媒体都在努力融合,推出了一系列好作品,点击量也都特别高,还传递了正能量。但也得承认,我们在持续产出优质作品、实现深度融合方面,还有一定不足。有的媒体虽然在物理上融合了,但还没产生足够的化学反应;有些媒体则还处于半转型状态。这些问题,都需要好好解决。

可以说,全媒体的不断发展不仅带来了传播革命,还影响着社会思想乃至意识形态的主导方式,具有广泛的社会性。由此,媒体融合发展不能只是新闻宣传部门的事,而应是全社会都要关心、关注的大事。应尽可能整合社会资源,把经济文化资源、社会治理数据转化为做大做强主流舆论、巩固全党全国人民团结奋斗的共同思想基础的综合优势,真正形成主流舆论主导下的全员传播格局。从这个角度看,我们要加强顶层设计,大力支持新型主流媒体建设,打造更多新型传播平台。让主流媒体通过移动传播,占据舆论引导、思想引领、文化传承、服务人民的制高点,让党的声音传得更广、更深入。

第二,在体现"移动优先"上有新成效。

随着传播技术的不断迭代,新技术的供给催生了新的信息需求,社交化、移动化传播日益成为重要的传播方式。习近平总书记指出:移动互联网已经成为信息传播主渠道。应坚持移动优先策略,建设好移动传播平台,管好用好商业化、社会化的互联网平台,让主流媒体借助移动传播,牢牢占据舆论引导、思想引领、文化传承、服务人民的传播制高点。①

坚持移动优先,需要树立创新思维。习近平总书记指出:

① 中共中央党史和文献研究院:《习近平关于网络强国论述摘编》,中央文献出版社,2021年,第82页。

要引导广大新闻舆论工作者做党的政策主张的传播者、时代风云的记录者、社会进步的推动者、公平正义的守望者。① 在全媒体时代，履行好这四个方面的职责，有必要进一步探索完善流程再造与人才培训机制。举个例子，全媒体时代的新闻生产除了文字方面的要求外，还需要引入图片、H5、音频、视频等多媒体元素，对媒体从业人员提出了"全媒"和"全能"的新要求。这种情况下，如何更好地提高从业者素质，更快地培养新人，成为融合转型中需要破解的现实问题。

坚持移动优先，需要强化质量思维。不管技术如何演变，媒体属性不会变化，未来新闻工作者还要靠优质内容、思想观点去强信心、聚民心、暖人心、筑同心。事实上，在内容、形式和手段创新中，内容创新是根本。如果一味坚持流量思维，放松了内容质量，难免走上"标题党"、浮夸风的邪路。主流媒体只有坚守客观见证与记录、坚持冷静观察与思考、坚定理性引导和阐发，才能真正占据媒体融合发展的传播制高点。

坚持移动优先，还需要确立法治思维。对于各级主管部门来说，要强化网络舆情管理，对所有从事新闻信息服务、具有媒体属性和舆论动员功能的网络传播平台进行管理。此外，还要依法完善互联网信息服务市场准入和退出机制等，更好地维护政治安全、意识形态安全。总之，无论是传统媒体还是新兴媒体，都要把"守正"放在第一位，坚持一个标准、一体管理。只有这样，才能真正让网络空间成为我们党凝聚全社会共识的新空间。

---

① 习近平：《习近平著作选读》（第一卷），人民出版社，2023年，第454页。

坚持一体化发展方向

我们都知道，变化意味着挑战。在这个"人人都有麦克风"的时代，如何唱响主旋律、壮大正能量、放大主流声音，是对我们传播能力的一个重要考验。同时，变化也意味着机遇。新一轮科技革命和产业变革为我们带来了更多颠覆和迭代的可能性。关键就在于，我们要更主动、更积极地运用信息革命、智能变革的新成果，推动媒体融合向纵深发展，做大做强主流舆论。

推动媒体融合发展，要坚持一体化发展方向。这是媒体融合发展的方向问题。媒体融合可不只是简单的技术更新，而是实实在在的一场自我革命。"融"是我中有你、你中有我，终极形态是"我就是你，你就是我"，核心要点就是一体化。坚持一体化发展方向，还需要把握以下两个原则。

一是资源要素一体化。媒体融合绝不意味着传统主流媒体的"退场"，而是开辟新战场的战略性"转场"。媒体融合不是另拉一支队伍、再起炉灶，这不仅导致重复建设，而且事实上人为设置了壁垒，阻碍了人员、资源等高效流动。全媒体时代需要的是聚合力和整体竞争力，必须打通平台体系的"任督二脉"，畅通媒介流动的"高速公路"，通过流程优化与平台再造，催化质变、放大效能，打造一批在国内外、网上网下真正具有影响力、竞争力和吸引力的新型主流媒体。

还有一个原则是，一体化并不等于"一样化"。媒体融合不只是外在形态的结合，而是传统媒体和新兴媒体之间的化合反应。一个基本共识是，媒体融合应统筹发展主流和商业、大众化和专业性的关系，逐步形成差异发展、协同高效的全媒体传播体系。

推动全要素传播创新

那么作为新闻舆论工作者，到底应该如何推动媒体的理念更新、技术革新和内容创新呢？

第一，强化融合意识，促成裂变式成长。深度融合任务再紧迫，也不能忘了"守正"的初心。一方面，要将意识形态责任制贯彻执行得更严、更实；另一方面，要清除划分主业和副业、示范田和自留地的偏见，将优质内容向主阵地汇聚，让主流价值在主阵地唱响。面对新的要求，体制机制改革势必要见真招。从人才培育角度来看，尤为需要聚焦内容生产、技术创新、运营开拓，完成从"一支队伍"到"三支队伍"的裂变式成长。

第二，顺应技术趋势，培育新的成果。我们正在进入一个大数据和人工智能的新阶段，新媒体新业态新形式还将不断涌现。对于新型主流媒体而言，有必要突出"智能"和"定制"两大关键词，强化精准思维，研发推出更多面向移动端、更加贴近主流人群的融媒体产品。例如，无人机、可穿戴设备等智能硬件的普及，有望进一步拓展新闻信源。这些24小时在线的"通讯员"，可以实时记录、挖掘和传播场景数据，乃至独立呈现完整的融媒体产品。

第三，找准坐标定位，生产更多优质内容。新闻传播必须以人民为中心，把人民群众的精神文化需求放在第一位。广大新闻工作者在掌握新技能的同时，要在围绕中心、服务大局中找准坐标定位，努力推出有时代气息、有深度思考的佳作。全媒体时代,数据流量确实是一个重要的评价指标。但获取"百万加",要靠真实客观、导向正确的内容,而不应以低俗、庸俗等违背主流价值追求的内容来博眼球、抓流量。应善于借助市场化平台,放大正能量内容的传播效能,使其更好地直抵人心。

(根据周智强 2019 年 9 月 23 日授课内容整理)

【教学答疑】

青年教师:周老师,您提及面对传播形态转型,要坚持唱响主旋律、壮大正能量、放大主流声音。我们知道,如今各种新型媒体兴起,学生每天都会面对很多种声音,其中也不乏一些没那么正确的声音。对此,营造一个良好的舆论环境变得尤为重要。那么,对于高校来说,应该如何做好全媒体时代的意识形态工作呢?

周智强:在这个信息爆炸的全媒体时代,大学的思政课堂就像是一片充满智慧和启发的乐土。为了让学生们在这片乐土上茁壮成长,形成健康向上的价值观,我们急需为他们指明一条光明的道路。想象一下,学校的领导、老师和党员们就像一群向导,他们手持明灯,为学生们照亮前行的道路。他们不仅自己信念坚定,还时刻提醒学生们要保持清醒的头脑,增强对国家和民族的责任感。他们带领着学生们一起深入学习领会习近平新时代中国特色社会主义思想,就像是在探险中找到了宝藏的地图,让学生们充满信心和动力。同时,学校的党组织就像是这片乐土的守护者,他们肩负着重大的责任,要确保学生们在思想上不走偏、不迷路。各级领导就像是勇敢的战士,他们不断提升自己的能力,应对各种挑战,确保学生们在思想阵地上站稳脚跟。而且，我们还要用更宽广的视野来看待问题。思政课的老师们就像是学生们成长路上的魔法师，他们用生动有趣的方式，让学生们深刻理解和认同社会主义思想。他们在课堂上讲述着中国现代化建设中的精彩故事，让学生们感受到我们国家的伟大成就和美好未来。

【拓展阅读】

周智强就构建全媒体融合格局的实现路径作了深刻阐发，他指出，实现媒体融合关键在于传统媒体和新兴媒体之间产生良好的化合反应。这场自我革命不仅体现在形式上的转型，还要求在理论内容上有所突破。周智强进一步强调，全媒体时代的网络理论传播要更加重视在内容上贴近人性、贴近人生、贴近生活，回答、回应受众在生活、工作中所涉及的人生问题。在相关研究中，周智强强调网络传播的"轻"型样态及其影响，例如在《形式"轻"起来，思想"深"起来》一文中论述道：

> 网络理论传播是对我们传统理论传播方式、理论诉求方式的颠覆性转型和转化。"轻"传播是网络传播的一大特点和优势。网络传播影响力的核心，出于技术革命，即传播技术、传播手段、传播载体的革命。传播技术既是手段和形式，又是内容本身。网络技术革命和内容创新本身是紧密联系在一起的。[①]

---

① 周智强：《形式"轻"起来，思想"深"起来》，《青年记者》，2019 年第 7 期，第 11 页。

后　记

随着《读懂中国：十位专家论"形势与政策"》这本书的付梓，我们满怀感激地向所有参与和支持本书出版的同仁致以最深的谢意。这本书是团队协作和集体智慧的成果，是对上海交通大学马克思主义学院"形势与政策"课程集体备课成果的一次展示，更是对新时代思想政治教育高质量发展的实践探索。

在此，我们要特别感谢上海交通大学马克思主义学院邢云文院长、余新丽书记的大力支持，他们为本书的编写提供了宝贵的指导和帮助。同时，我们也对上海交通大学宣传部周凯教授和上海交通大学出版社钱方针、黄婷蕙老师的统筹规划与细致审校表示衷心的感谢。他们的专业指导和严谨态度确保了本书内容的深度与广度，为提升本书的学术质量和实践价值发挥了关键作用。

我们还要向上海交通大学"形势与政策"课的一线教师们表达诚挚敬意。他们在教学一线的辛勤工作和丰富经验为编写本书提供了生动案例和深刻见解。他们的智慧和热情为本书的内容和思想提供了坚实的基础。

我们同样要感谢所有参与讨论、提供反馈的学生们。他们是本书的直接受益者，也是我们教育工作的最终评判者。学生们的积极互动和真诚反馈,让我们更加坚信"形势与政策"课程的价值和意义。此外,我们还要感谢所有关心和支持本书出版的校内外同行和各界朋友。他们的宝贵意见和建议为本书的完善提供了宝贵的参考。

通过这本书,我们期望能够为大学生提供一个系统了解国家形势与政策的窗口,帮助他们建立起正确的世界观、人生观和价值观。我们相信,随着这本书的传播和应用,它将为培养具有全球视野和历史责任感的新时代青年贡献力量。

我们期待,本书能够激发更多的思考和讨论,为推动国内思政课的发展和创新发挥出应有的作用。

本书编写组

2024 年 7 月